英語の息づくりからリズムまで　だれでも流暢に話せる！

ゼロからスタート
英会話の音感
スイッチON♪

松本　真一
Matsumoto Shinichi

Jリサーチ出版

はじめに

なぜあなたは英語が話せないのか。聞き取れないのか。

　実は、ネイティブが英語を話すとき、使われているのは、あなたが知っている簡単な単語ばかりなのです。ただ、複数の語を１つのかたまりにして、勢いよく、極端に抑揚をつけて話すので、まるで別の単語のように聞こえてしまい、聞き取れなくなるのです。それはすべて、平板に話すことに慣れている日本人とネイティブの「音感」の違いが原因です。それに気づくことが、英語マスターへの早道です。

　本書ではＣＤの音声を使って、ネイティブスピーカーと日本人の息の吐き方の違いから理解していきます。ここで学習する31のテーマすべてに〈かんたん３分エクササイズ〉が用意されており、実際に声をだす訓練もできます。音感は知識ではありませんので、一度身につけると、ずっと忘れることがありません。早いうちからのマスターが得策です。

１カ月で音感を体得！

　ただやみくもに実践英語に臨んだり、リスニング教材に膨大な時間を費やしても、日本語に順応し切った大人の脳みそでは、この「量にまかせた慣れ」は期待できません。ところが、英語の「音感」のメカニズムを、一度、体系的に身につけるだけで、あとは楽に英語をモノにすることができます。

　本書は、毎日忙しい社会人や学生の皆さんの都合を考慮し、できるだけ速く、ストレスなく学習していただけるよう、1回の学習時間を5～6分程度に想定したページ構成を採用。1カ月（31回分の学習）で「音感」がマスターできるように設計されています。

　英会話が初級者の方でも自信を持って、ビジネスや社交の場の会話を、スマートにこなすことを可能にしてくれる音感。本書で身につけた「音感」を武器に、世界どこでも通用するコミュニケーション術を身につけましょう。

松本真一

CONTENTS

はじめに ……………………………………………………………… 2
本書の利用法 ………………………………………………………… 6
イントロダクション
　　英会話の音感って何？ …………………………………………… 10
　　7つの要素は互いに影響しあっている ………………………… 12

第1章　英語の息づくり
音感スイッチ 01　英語の息づくり ………………………………… 16

第2章　子音
音感スイッチ 02　子音とは？ ……………………………………… 22
音感スイッチ 03　日本人が苦手な子音 …………………………… 26
音感スイッチ 04　RとLの違い …………………………………… 30

第3章　アクセント
音感スイッチ 05　アクセントとは？ ……………………………… 36
音感スイッチ 06　アクセントのつく母音 ………………………… 40
音感スイッチ 07　アクセントの決まり …………………………… 44
音感スイッチ 08　語調で意味を伝える …………………………… 48

第4章　間の取り方＆イントネーション①
音感スイッチ 09　英語の音域 ……………………………………… 54
音感スイッチ 10　文節で切る ……………………………………… 58
音感スイッチ 11　ピッチ …………………………………………… 62
音感スイッチ 12　I.U.のもう一つの聞き分け方 ………………… 66
音感スイッチ 13　I.U.の応用 ……………………………………… 70

第5章　イントネーション②
音感スイッチ 14　イントネーションで意味が変わる① ………… 76

| 音感スイッチ 15 | イントネーションで意味が変わる② | 80 |
| 音感スイッチ 16 | イントネーションでニュアンスが変わる | 84 |

第6章 強勢（ストレス）

音感スイッチ 17	強勢とは？	90
音感スイッチ 18	強弱交互の原則	94
音感スイッチ 19	強調文	98
音感スイッチ 20	強調 do	102
音感スイッチ 21	be動詞の強勢	106
音感スイッチ 22	have動詞の強勢	110
音感スイッチ 23	助動詞の強勢	114
音感スイッチ 24	前置詞句の強勢	118
音感スイッチ 25	肯定文と否定文の聞き分け	122

第7章 リズム

音感スイッチ 26	3拍子のリズム	128
音感スイッチ 27	リエゾン	132
音感スイッチ 28	リダクション①	136
音感スイッチ 29	リダクション②	140
音感スイッチ 30	超絶技巧	144
音感スイッチ 31	短文・長文ともに3拍子	148

第8章 総合トレーニング
153

ちょっとブレイク

ダイスキな音楽を英語の勉強に利用しよう	52
いろんなYes	88
ザ・ビートルズ『Let it be』	126
ごちゃごちゃが美しい？	152

本書の利用法

　本書は英会話で必要とされる音感をゼロから習得していきます。1回分の学習は **1stステップ【聞いてみよう♪】→2ndステップ【ミニ講義】→3rdステップ【かんたん3分エクササイズ】** で完了します。153ページからは日常会話でよく使うフレーズ・構文を使って、さらにリズムの練習に取り組むことができます。

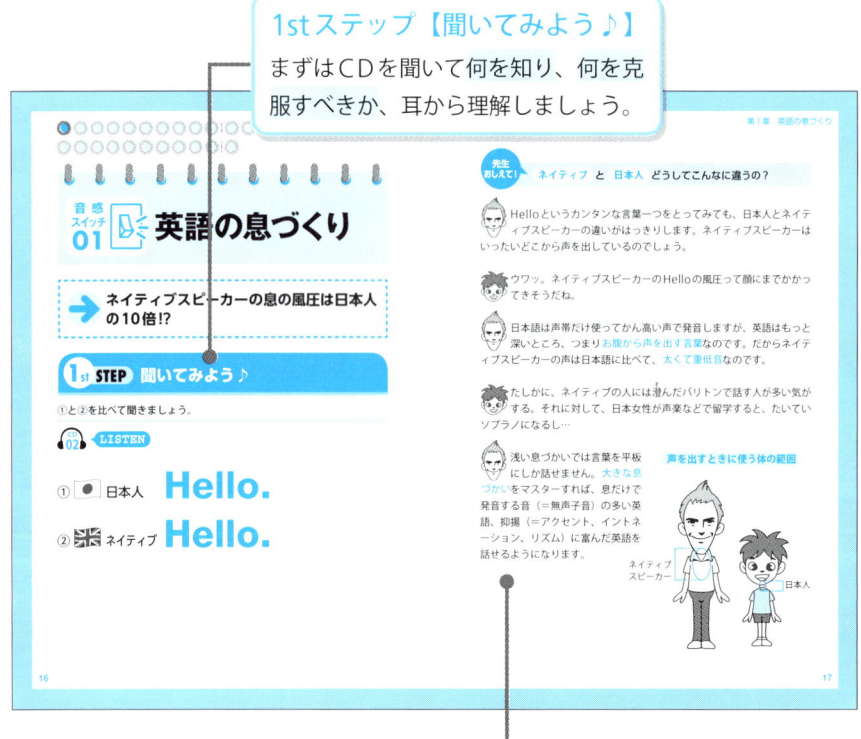

1stステップ【聞いてみよう♪】
まずはCDを聞いて何を知り、何を克服すべきか、耳から理解しましょう。

わかりやすい会話
音感ゼロの「僕」が先生に疑問をずばずば質問します。それにわかりやすく答える会話形式なので、**読みやすくて、わかりやすい！**

本書の利用方法

2ndステップ【ミニ講義】
図やイラストを多く使った解説コーナーで、音の仕組みがひと目で理解できます。

3rdステップ【かんたん3分エクササイズ】
音感は耳だけではなく、口から英語を発することで習得が大幅にスピードアップします。毎回のエクササイズでしっかり耳慣らし、口慣らしをしましょう。

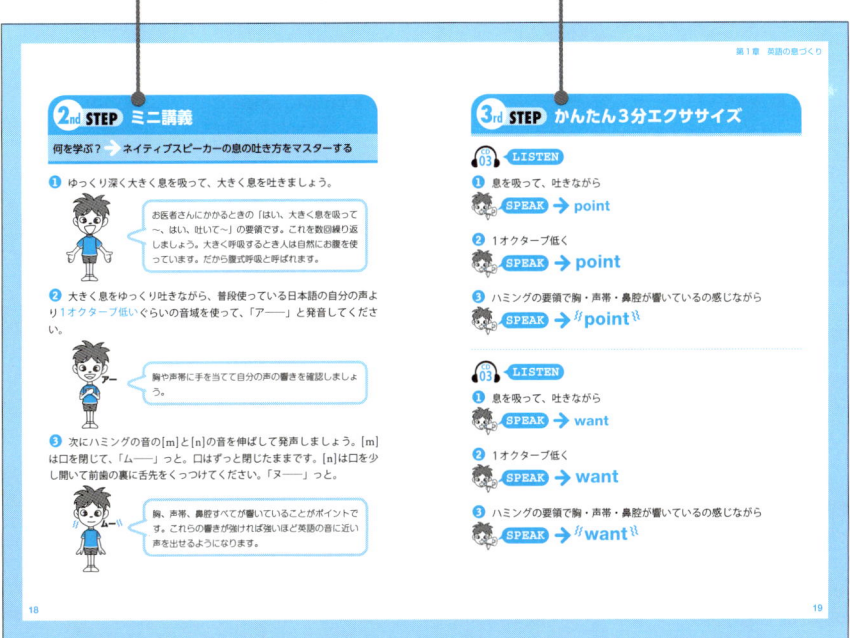

登場人物

僕

先生

●総合トレーニング（153ページ～）

日常会話で練習

31項目の音感スイッチを習得したら、**実践力**をつけましょう。日常でよく使われるフレーズ・構文を使ってリズムよく話す練習を行いますので、すぐに実践で英語を話せるようになります。

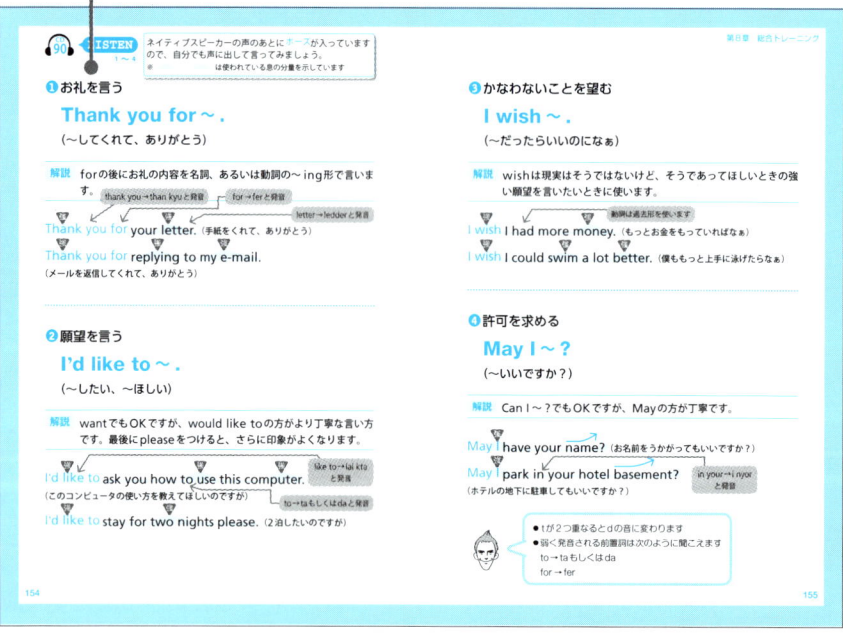

イントロダクション

英会話の音感って何？

　音楽（MUSIC）が、音色（ねいろ）を聞き分ける力や、ボイスレッスンを必要とするように、英語にも、声をだすために身につけておくべき常識があります。

　それは英語圏の人々が共通して持っている「英会話の音感」です。この音感を構成する7つの要素が次のとおりです。

①英語の息の吐き方

　日本語は喉から息を吐（は）きますが、英語はお腹の底から勢いよく息を吐きます。ネイティブスピーカーのような息の吐き方を意識的に行うだけで、発音もリズム感もよくなります。

②子音・母音

　「サシスセソ」を分解すると、SA・SI・SU・SE・SOです。日本語の50音はすべて、母音のAIUEOがついているのに対して、英語はalphabet（アルファベット）のlphのように子音が連続します。つまり日本語にはない音のシステムなのです。

③アクセント

　Englishのように英語は単語を構成するアルファベットの中にアク

セントをつけます。I am go̲ ing to Pa̲ ris.のように文（センテンス）にもアクセントの強弱があります。

④間の取り方

　長い英文を読む場合でも、ネイティブスピーカーは必ずどこかで小さなポーズを入れます。長距離を走るのと同じで、小刻みに休憩を入れれば、英語は話しやすくなります。

⑤イントネーション

　You are from Australia?のように、be動詞を前に持ってくるAre youの形でなくても、語尾のイントネーションを高く上げるだけで疑問形にできます。英語にはこうしたテクニックがたくさんあります。

⑥強勢

　ネイティブスピーカーは重要箇所を強く、そうでない箇所を弱く、メリハリをつけて話すのがうまいですね。これは聞く方だって、たいへん理解しやすいのです。

⑦3拍子のリズム

　英語は世界のすべての言語の中でも、たいへんテンポのいい言語です。映画を見ていて、そのセリフがあまりにカッコイイと感じることがあるでしょう。音楽のように言葉を話す場合もあります。

→ 7つの要素は話し相手が理解しやすくなるという点で共通する

7つの要素は互いに影響しあっている

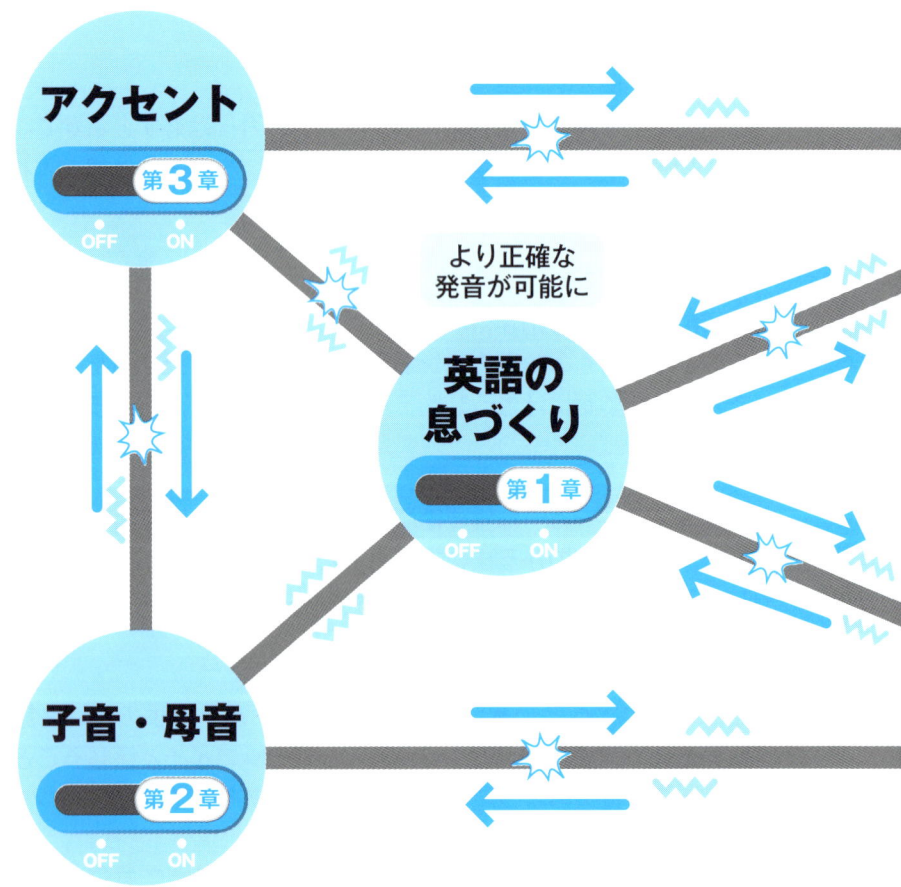

イントロダクション

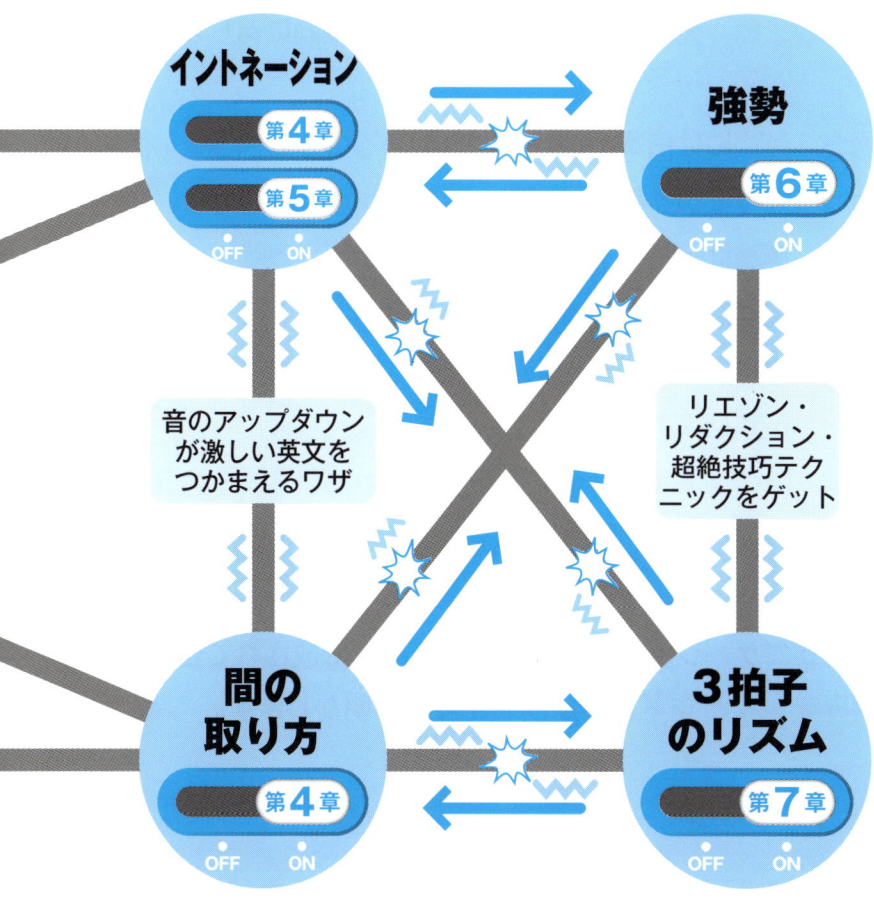

なぜ英語はUP・DOWNが激しい?

英語は聞き手にとって重要と思われるものを強く、重要ではないものを弱く発音（もしくは省略）する傾向にあります。

> なぜ 英語には日本語にはない音があるのか？
> なぜ 知っている英語でも聞き取れないのか？
> なぜ 英語は2語、3語と音がつながるのか？
> なぜ 英語は語末の音が消えるのか？
> なぜ 日本人は英語を話すのが苦手なのか？
> なぜ 英語は声の強弱が激しいのか？
> なぜ あの人の英語は音楽みたいに流れるように聞こえるのか？

コミュニケーションを簡単にするために形成されてきた音の仕組みを　　と　　がわかりやすく解き明かします。

第1章

英語の息づくり

音感スイッチ 01  英語の息づくり

→ ネイティブスピーカーの息の風圧は日本人の10倍!?

1st STEP 聞いてみよう♪

①と②を比べて聞きましょう。

🎧 CD 02 LISTEN

① 日本人　**Hello.**

② 🇬🇧 ネイティブ　**Hello.**

第1章　英語の息づくり

 **ネイティブ と 日本人 どうしてこんなに違うの？**

Helloというカンタンな言葉一つをとってみても、日本人とネイティブスピーカーの違いがはっきりします。ネイティブスピーカーはいったいどこから声を出しているのでしょう。

ウワッ。ネイティブスピーカーのHelloの風圧って顔にまでかかってきそうだね。

日本語は声帯だけ使ってかん高い声で発音しますが、英語はもっと深いところ、つまりお腹から声を出す言葉なのです。だからネイティブスピーカーの声は日本語に比べて、太くて重低音なのです。

たしかに、ネイティブの人には澄んだバリトンで話す人が多い気がする。それに対して、日本女性が声楽などで留学すると、たいていソプラノになるし…

浅い息づかいでは言葉を平板にしか話せません。大きな息づかいをマスターすれば、息だけで発音する音（＝無声子音）の多い英語、抑揚（＝アクセント、イントネーション、リズム）に富んだ英語を話せるようになります。

声を出すときに使う体の範囲

ネイティブスピーカー

日本人

17

2nd STEP ミニ講義

何を学ぶ？ → ネイティブスピーカーの息の吐き方をマスターする

❶ ゆっくり深く大きく息を吸って、大きく息を吐きましょう。

> お医者さんにかかるときの「はい、大きく息を吸って〜、はい、吐いて〜」の要領です。これを数回繰り返しましょう。大きく呼吸するとき人は自然にお腹を使っています。だから腹式呼吸と呼ばれます。

❷ 大きく息をゆっくり吐きながら、普段使っている日本語の自分の声より **1オクターブ低い** ぐらいの音域を使って、「アーーー」と発音してください。

> 胸や声帯に手を当てて自分の声の響きを確認しましょう。

❸ 次にハミングの音の[m]と[n]の音を伸ばして発声しましょう。[m]は口を閉じて、「ムーーー」っと。口はずっと閉じたままです。[n]は口を少し開いて前歯の裏に舌先をくっつけてください。「ヌーーー」っと。

> 胸、声帯、鼻腔すべてが響いていることがポイントです。これらの響きが強ければ強いほど英語の音に近い声を出せるようになります。

3rd STEP かんたん3分エクササイズ

 LISTEN

① 息を吸って、吐きながら
 SPEAK ➡ point

② 1オクターブ低く
 SPEAK ➡ point

③ ハミングの要領で胸・声帯・鼻腔が響いているの感じながら
 SPEAK ➡ 〜point〜

 LISTEN

① 息を吸って、吐きながら
 SPEAK ➡ want

② 1オクターブ低く
 SPEAK ➡ want

③ ハミングの要領で胸・声帯・鼻腔が響いているの感じながら
 SPEAK ➡ 〜want〜

まとめ

英語の息づくり

①ゆっくり深く大きく息を吸って、大きく息を吐く。
②普段使っている日本語の自分の声より1オクターブ低いぐらいの音域を使って、「ア———」と発音。胸が響くのを感じるように声を出す。
③ハミングの音の[m]または[n]の音を伸ばして発声。[m]は口を閉じたままで。[n]は口を少し開いて前歯の裏に舌先をくっつけて。

英語息でお腹から出した音が鼻腔に響き渡ることが確認できるようになれば、この章は合格！！

第2章

子音

音感スイッチ 02 子音とは？

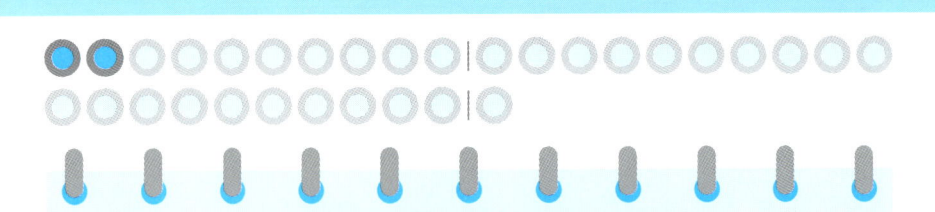

→ 英語には声帯を使わない息だけの音がある！　[s][θ][ʃ] 編

1st STEP　聞いてみよう♪

下線部に注意して聞き比べてください。

🎧 CD 04　LISTEN

① 🇯🇵 日本人　**think**　沈む（？）

② 🇬🇧 ネイティブ　**think**　考える

 ネイティブ と 日本人 どうしてこんなに違うの？

日本人のthinkはsink（沈む）に聞こえるね。

はい。まず子音と母音を整理しましょう。母音とは「アイウエオ」（aiueo）の音です。たとえば「カ」の音は「k＋母音a」ですね。「キ」は「k＋母音i」ですね。一方、このアイウエオ以外の音を子音と言います。ここではkが子音にあたります。

アルファベットは26個あるから、aiueoの5個を引いて、子音は21個？

その通り。ここで注意したいのは、日本語はt＋a（タ）、f＋u（フ）のように子音の後に必ず母音がつく、ということです。すべての子音に母音をつけることから、日本語は母音中心の言語と言えます。それに対して英語はalphabet（アルファベット）のlphのように子音が連続することが多いので子音中心の言語と言えます。さらに21個の子音の中でも、実に3分の1以上が無声音といって、声帯を使わない息だけの音なんですよ。

だから第1章でやった強い息づかいが必要なんだね。

では次のページから日本人が特に苦手にしている[s][θ][ʃ][k][p][t]の子音の発音を練習しておきましょう。ネイティブスピーカーの息づかいをフルに活用します。

2nd STEP　ミニ講義

何を学ぶ？ → 声帯を使わない息だけの音をマスターする

 LISTEN

❶ [s] 前歯の裏に鋭く強い息を当てる感じ。

city　**s**ing　**c**entury
（都市）（歌う）（世紀）

❷ [θ] 上前歯の下に舌の先を軽く当てて発音します。まだ、自分の発音はどうしても日本語の50音のサ行に聞こえてしまうと感じる人は、慣れるまでタ行に近い音を意識してみましょう。うまく舌が動きます。

thank you　**th**ink　mon**th**
（ありがとう）（考える）（月）

❸ [ʃ] 日本語のシュの口の形を、口の先ではなく口の奥のほうでつくります。できるだけ強く吐く息だけで「シュ」と鋭く発音するよう心がけましょう。

chef　**sh**ort　deli**c**ious
（料理長）（短い）（おいしい）

英語息を使ってください

● 体全体が重低音で響き渡っている感覚が大切です。腕や喉に手を当てたり、鼻を軽く指でつまむと確認しやすいです。
● その状態を維持したまま、[s][θ][ʃ]を、強く吐く息で繰り返し鋭く発音します。無声音ですから、ここでは決して声をだしてはいけません。難しく感じる人は、つよーくささやく感じで。

第2章　子音

3rd STEP かんたん3分エクササイズ

 LISTEN &  SPEAK

[s]を含む英単語

sink[síŋk]　（沈む）　　stop[stáp]　（止まる、止める）
sound[sáund]　（音）　　sun[sán]　（太陽）

[θ]を含む英単語

> 慣れないうちは[θ]をタ行（上歯茎の裏に舌をつける）で発音してみましょう。

thick[θík]　（厚い）　　third[θəˈːrd]　（三番目の）
throw[θróu]　（投げる）　thousand[θáuzənd]　（1,000）

[ʃ]を含む英単語

she[ʃíː]　（彼女）　　shop[ʃáp]　（店、ショッピングする）
show[ʃóu]　（見せる）　should[ʃəd]　（〜するべき）

[ʃ]の音はsh以外にもいろいろなつづりがある

sugar[ʃugr]　（砂糖）　　ocean[ouʃn]　（海）
fiction[fíkʃən]　（小説）　special[spéʃəl]　（特別な）

まとめ

[s][θ][ʃ]は決して日本語のサ行ではありません。日本語のサ行は息が弱すぎるのです。[s][θ][ʃ]は、部屋中に響くような強く鋭い息で発音しましょう。そうすればあとは口の形だけで、これらの発音の区別がずっとハッキリします。

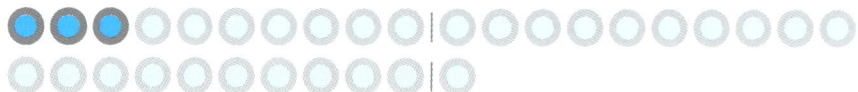

音感スイッチ03 日本人が苦手な子音

→ 英語には声帯を使わない息だけの音がある！[k][p][t]編

1st STEP 聞いてみよう♪

 LISTEN

① **create** [kriéit]（作る、造る、製作する）

② **pride** [práid]（おごり、自慢、自負）

③ **trade** [tréid]（貿易）

第2章　子音

　**ネイティブ** と **日本人** どうしてこんなに違うの？

create（クリエート）、pride（プライド）、trade（トゥレード）ではダメなの？

はい。[k][p][t]の音も吐く息だけで発音しますので、日本人の方が苦手な子音なのです。

口の形はカ行、パ行、タ行でいいんだよね？

そこはOKです。でも[k][p][t]の子音を多くの日本人の方は、「クゥ」「プゥ」「トゥ」と声帯を使って発音してしまいがちです。それは、やはり、すぐ後ろに、有声音の母音を勝手に入れてしまっているからですね。しかし、例のように子音がその後すぐ来る場合、どうしてもネイティブスピーカーには別の単語のように聞こえてしまうのです。

なるほど、[k][p][t]のそれぞれにu（母音）を足してしまっているんだね。

[k＋母音][p＋母音][t＋母音]ではなく、[k][p][t]と独立した形で、これらの音を身につけておく必要があるのです。ではさっそく練習しましょう。

2nd STEP ミニ講義

何を学ぶ？ → スローモーションで無声音[k][p][t]のしくみがわかる

 LISTEN

[k]
create[kriéit]

> 慣れたら[k][r]を区切らず、あくまで「2つで1音」という感覚で[kriéit]と通して言いましょう。

ネイティブスピーカーがこれをスローモーションで発音すると、[k]は「クゥ」とは絶対に聞こえません。声を使わず、大きく息を使って、鋭くささやく感じにしか聞こえません。そのあと[riéit]と堂々と声を出して読んでいるのです。慣れないうちは、「クッ」とごく短めに、でも部屋中に響き渡るように鋭くささやいてみてください。

クッ

[p]
pride[práid]

> 慣れたら[p][r]を区切らず、あくまで「2つで1音」という感覚で[práid]と通して言いましょう。

①と同じくスローモーションで発音すると、[p]は声にならず、鋭くささやく感じに聞こえます。そのあと[ráid]と、堂々と声を出して読んでいますね。慣れないうちは、「プッ」とごく短めに、でも部屋中に響き渡るように鋭くささやいてください。

プッ

[t]
trade[tréid]

> 慣れたら[t][r]を区切らず、あくまで「2つで1音」という感覚で[tréid]と通して言いましょう。

tも同じです。[t]と息だけで鋭くささやく。そのあと[réid]と堂々と声を出して読みます。これも慣れないうちは「トゥッ」とごく短めに、でも部屋中に響き渡るように鋭くささやいてください。

第2章　子音

3rd STEP　かんたん3分エクササイズ

不要なところに母音を入れない練習です。タッター、タッターという2拍のリズムに合わせて、CDをまねてください。

 LISTEN

- actor[ǽktər]（俳優）

a ctor	a ttor	
タッター、	タッター、	
a ctor	a ttor	→actor
タッター、	タッター	

ここで注意するのは真ん中の子音を入れるときもはずすときも、まったく同じ2音節のリズム、「タッター」で言うことです。（※「ア・ク・ター」とは言わない）そうすることによって、「cu-tu」と、余計な母音が入る余裕がなくなるので、自然に「ct」とするどく発音できるようになります。

- factor[fǽktər]（要因）

fa ctor	fa ttor	fa ctor	fa ttor	→factor
タッター、	タッター、	タッター、	タッター	

- street[stríːt]（道、通り）

street	sreet	street	sreet	→street
タッター、	タッター、	タッター、	タッター	

まとめ

[k][p][t]は日本語のカ行、パ行、タ行でいいのですが、英語では日本語のそれらよりもっと短い音で発音するのが、これら無声音を息で言うコツです。
部屋中に響くような強く、鋭い息のみで発音するよう心がけましょう。とくにこれらのすぐ後ろに子音が続く場合は、余計な母音を入れてしまいがちなので、上のようなエクササイズは欠かせません。

音感スイッチ04 RとLの違い

→ みんなが苦手な[r]と[l]をサクッと攻略！

1st STEP 聞いてみよう♪

CD 10 LISTEN

① **rice** (米)

② **lice** (louseの複数形、ケジラミ)

箱の中は
riceそれともlice？

第2章　子音

　ネイティブ と 日本人 どうしてこんなに違うの？

息の吐き方を変えると、英語の発音もやりやすくなることがわかった。

はい。息の吐き方の違いが、英語の発音を難しくする根本的な原因であり、英語には英語の息の吐き方があるから、こうした発音になったわけです。ネイティブスピーカーが話す顔をじっと見ていれば、だんだんわかってくることなんですが、それにはやはり時間がかかります。ですから、あらかじめ本書で学んでおくと英語学習に効率がよいのです。

なるほど。

ここでは日本人が最も苦手とする[r]と[l]の区別をやっておきましょう。左ページの単語のように、きちんと発音できないままだと、まるで意味が違って聞こえますね。発音の違いでトンデモナイ誤解を招かないように、[r]と[l]を使い分ける簡単なコツをご紹介します。

2nd STEP ミニ講義

何を学ぶ？ → [r]と[l]の区別の意外なコツ

❶ [l]の発音

舌を外にそりかえらせるように上の歯の裏につける。そのまま口の形を動かさずに、舌の両脇から息を吹き抜けさせる感じです。これは、思ったより一息長く舌の形を維持したまま発音するのがコツです。

❷ [r]の発音

口のなかで舌を宙にそりかえらせ、慣れないうちは[r]はなるべく大げさに発音するようにしましょう。たとえばカタカナ英語になっている「パート（part）」や「カー（car）」。これらを日本人が発音すると、先行する母音を伸ばしたまま、まったく[r]を発音していないようにネイティブスピーカーには聞こえてしまうのです。'r'の発音が弱すぎるのです。先行する母音は伸ばさないで、一息早めに[r]の口の形に切り替えるのがコツです。

3rd STEP かんたん3分エクササイズ

よく使う単語でマスターしよう！

❶ [l]が最初にくる単語

 LISTEN

light[láit] （光）　　　　lamp[lǽmp] （ランプ）
last[lǽst] （最後の）　　look[lúk] （見る）
link[líŋk] （リンク、つなぐ）　list[líst] （一覧表）

❷ [l]が最後にくる単語

 LISTEN

> [l]が弱音化して、日本人には小さな[w]に聞こえるほどです。発音しないで、口の形だけちゃんと'l'にするぐらいでいいでしょう。

tail[téil] （尾、しっぽ）
feel[fíːl] （感じる）　　fail[féil] （失敗する）

❸ [r]が真ん中にくる単語

 LISTEN

part[páːrt] （部分）　　　first[fə́ːrst] （最初の）
third[θə́ːrd] （3番目の）　course[kɔ́ːrs] （コース）
park[páːrk] （公園）　　　report[ripɔ́ːrt] （報告）

❹ [r]が最後にくる単語

 LISTEN

door[dɔ́ːr] （ドア）　　car[káːr] （車）
bar[báːr] （棒）　　　care[kéər] （世話）
power[páuər] （パワー）

まとめ

[r]と[l]を区別しないと、ネイティブスピーカーにはまるで意味が通じないことがあります。これらは、彼らの耳には全然違う音であるということを忘れないでください。

[r]　口のなかで舌を宙にそりかえらせる
　　→慣れないうちはなるべく大げさに発音することを意識してください
[l]　舌をそりかえらせるように上の歯の裏につける
　　→日本人の[l]は短すぎるので、[l]の口の形を固定したまま一息長めに発音してみましょう

第3章

アクセント

音感スイッチ 05 アクセントとは？

→ どうして英語にはアクセントなんてあるのか!?

1st STEP 聞いてみよう♪

CD 15 LISTEN

① 🇯🇵 日本人　**comedian**

② 🇬🇧 ネイティブ　**comedian**

第3章　アクセント

先生おしえて！　ネイティブ と 日本人 どうしてこんなに違うの？

　僕たちが学校で勉強したアクセントって…たとえば、'English' だったら、発音記号で、[íŋglıʃ]　となって、記号の上に´がふってあるところを強く発音する、つまり、En**g**lishと、なるんだよね。

　そのとおりですが、それだけではアクセントの理解は不十分です。「こんにちは」という日本語を例に考えてみましょう。コンニチハは、ko-n-ni-chi-waで5つの音節に分かれていますね。

　コ・ン・ニ・チ・ハだもんね。

　英語を母語とするネイティブスピーカーが「コンニチハ」と言うのを聞いたことがありますか？　彼らのほとんどが「コ**ニ**チワ」とヘンなアクセントをつけて言います。

　あるある、そういうの、聞いたことある〜！

　ネイティブスピーカーは、日本語のように、子音の後に母音を必ずつける習慣がありません。むしろ子音を連続して読むことを好みます。だから、「こんにちは」はkh-ni-chwとなって、1音節で言い切ってしまっているのです。そして、唯一の母音[i]にアクセントを置くので、「コ**ニ**チワ」というヘンな日本語になってしまうのです。

　アハハ。

　笑っている場合ではありません。同じように多くの日本人の英語はネイティブスピーカーにとってはヘンに聞こえているのですから。

2nd STEP ミニ講義

何を学ぶ？ → 英語にアクセントがある理由と、それ以外をあいまいにする[ə]の音

　アクセントのつく音節の母音以外の母音は基本的に[ə]の音で、これはつまり、あいまいに極力弱く発音することを示します。
　あいまい母音[ə]は、ハッキリと「アイウエオ」の口の形を作らず、「ア」と「ウ」の中間の音で、極力弱く発音します。あえて言えば小さな「ゥ」に聞こえるように言います。具体的に冒頭の例で考えてみましょう。

comedian[kəmíːdiən]

　日本語の「コメディアン」にはアクセントがありません。日本人が読むと、co-me-di-anと4音節で、それぞれの音節に「オ」、「エ」、「イ」、「ア」と、母音を入れてしまうので、「コメディアン」となります。つまり、すべての音節を同じ分量で言うので、アクセントをつけにくいのです。語にアクセントをつける習慣のある英語では、ほかの母音はあいまい母音[ə]で極力弱く発音することによって、一か所だけ強く言いやすくするのです。

　　　　　　強　　　母音[i]をだけ強く発音
comedian[kəmíːdiən]
　　弱　　　弱　　他の母音は弱くあいまいに

　こうやって、アクセントが生まれます。日常会話など、速いスピードになると、弱い母音はほとんど発音されず、子音の連続のように読みます。

⬇

[kmíːdʒn]

　日本人には、「クミージュン」と聞こえます。

第3章　アクセント

3rd STEP　かんたん3分エクササイズ

🎧 CD 16　LISTEN

- tomato[təméitou]（トマト）
  ⬇
  強
  tmato

- responsibility[rispɑ̀nsəbíləti]（責任）
  ⬇
  強
  rspnsbilty

- subsequent[sʌ́bsikwənt]（〜に続いて起こる、次の）
  ⬇
  強
  subsqnt

まとめ

英語は、子音の後にいちいち母音を入れる習慣はありません。単語の一音節だけその母音を強く発音し、その他の母音は弱く、あいまいに発音し、まるで子音字の連続のようにして読みます。これが英語のアクセントの原理です。

音感スイッチ 06 アクセントのつく母音

> → 今日から日本語の「ア」と「イ」は禁止！

1st STEP 聞いてみよう♪

下の3語は日本語ではすべて「スラッグ」。下線が引いてある母音に注意して聞いてみよう。

🎧 CD 22 LISTEN

sl<u>o</u>g [slág]（米）[slɔ́g]（英）
（ボクシング・野球などのクリーンヒット）

sl<u>u</u>g [slʌ́g]（ナメクジ）

sl<u>a</u>g [slǽg]（鉱滓（こうさい）、岩滓（がんさい））

※イギリス英語では、文脈によってはある種の蔑称（べっしょう）になることがあるので注意

第3章　アクセント

先生おしえて！ ネイティブ と 日本人 どうしてこんなに違うの？

いうまでもなく単語でアクセントがつくのは母音です。でも左ページの例で、とくに下線部の母音に注意してCDの音声を聞いてみて、ギクッとしなかったかな？

あれ〜？よく聞いてみると日本語では同じ「ア」でも、ネイティブスピーカーが発音すると単語によって微妙に違って聞こえる。「ア」も使い分けなきゃいけないの〜？

微妙に違う？いえ、ネイティブスピーカーにとってはこれは大きな違いなのです。アクセントのつく母音の発音だけで意味が決まる単語があります。これが結構、カンタンそうに見える単語にかぎって多い。ここが落とし穴です。

ナント！？

日本語の母音は「ア」「イ」「ウ」「エ」「オ」の5つです。そのうち、「ウ」「エ」「オ」はだいたい日本語のそれで大丈夫。とくに日本人にとって問題となるのは、英語の「ア」「イ」に聞こえる母音だけです。

①[æ]と[ɑ]と[ʌ]の区別がしっかりできていないこと
②英語には日本語の「イ」が存在しないこと

この2点に注意を払えば、グンと英語らしく話せるようになります。

今まで全部日本語の「ア」でいいと思ってた…。

2nd STEP　ミニ講義

何を学ぶ？ → [æ]と[ɑ]と[ʌ]の使い分けのコツ

CD 18　LISTEN

❶ [æ]

日本語の「ア」と「エ」の中間で、口の形は日本語の「エ」、つまり、口の両端を左右に引いたまま、「ア」と、発音する感じ。

> ニコッとする口の開き

❷ [ɑ]

つづり字がoかaで、それにアクセントがつく場合。日本語の「ア」よりもハッキリ口を開けて、「ア」と発音。

> 日本語の「ア」よりタテに口を大きく

※アメリカ英語とイギリス英語の違い…つづりが"o"で、アメリカ英語では[ɑ]と発音される場合、イギリス英語では[ɔ]と、日本語の「オ」よりものどの奥からこもった声を出す感じで発音します。

❸ [ʌ]

つづり字がoかuかouで、それにアクセントがつく場合。日本語の「ア」と「オ」の中間。口の形は日本語の「オ」のまま、のどの奥からこもった声で「ア」と発音する感じ。

> のどの奥で「ア」

❹ [i]

ハッキリと日本語の「イ」の口の形を決して作らず、「イ」と「エ」の中間の口の形で短い時間で言う。

> コツは「イ」とできるだけ短く言う

注意！ 日本語の「イ」は英語には存在しません！今日から日本語の「イ」は禁止！

第3章　アクセント

3rd STEP　かんたん3分エクササイズ

🎧CD19　LISTEN

　一見やさしい単語でも、[æ]と[ɑ]と[ʌ]の使い分けができてないと、意味が違ってきます。下線が引いてある母音に注意して聞いてみましょう。

st**a**ff [stǽf]　➡　st**u**ff [stʌ́f]
（職員、スタッフ）　　（物）

f**a**n [fǽn]　➡　f**u**n [fʌ́n]
（スポーツ、俳優などの熱狂的な支持者）　　（楽しみ、おもしろみ）

ankle [ǽŋkl]　➡　**u**ncle [ʌ́ŋkl]
（足首）　　（おじ）

　下の単語も一見やさしい単語ですが、これまで正しい英語の[i]で発音してきましたか？下線の母音に注意して確認しておきましょう。

b**i**g [bíg]　　　bu**s**y [bízi]　　　s**i**t [sít]
（大きい）　　（忙しい）　　（座る）

まとめ

> とくに日本人は「ア」に聞こえる母音に注意しましょう。[æ]と[ɑ]と[ʌ]をちゃんと使い分けないと、英語は通じません。また単語によっては、とんでもない大きな誤解を招くこともあります。意外に思われるかもしれませんが、英語の[i]と日本語の「イ」はかなり違います。ネイティブスピーカーの[i]は「エ」に聞こえることさえあります。

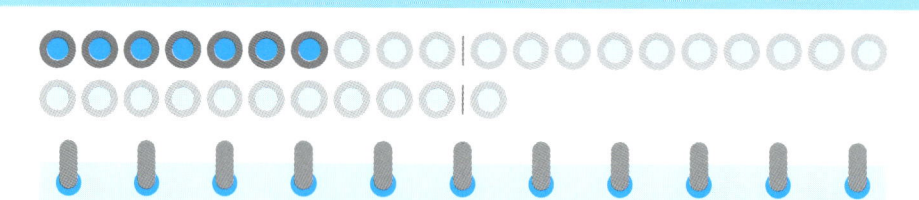

音感スイッチ 07　アクセントの決まり

→ すべての単語を辞書どおりに読んだら大間違い!?

1st STEP　聞いてみよう♪

🎧 CD 20　LISTEN

アメリカ英語　　Good **day**!
　　　　　　　（こんにちは！）

オーストラリア英語　**Good** day!
　　　　　　　（こんにちは！）

第3章 アクセント

先生おしえて！ 　ネイティブ と 日本人 どうしてこんなに違うの？

🧑 すべての単語は辞書の発音記号にあるとおりにアクセントをつけて読んだら大丈夫…と思っていたんだけど。

👨 いいえ。それは単語だけを見た場合です。まず、左ページの例です。これはアメリカ英語とオーストラリア英語の違いです。複数の単語が並ぶと、例えば2語からなる文Good day! はアメリカ英語ではアクセントは前の語につき、後ろの語にはつきません。オーストラリア英語ではその逆で、前の語を弱く読んで、後ろの語に辞書の発音記号どおりにアクセントをつけます。

🧑 どうして？

👨 「なまり」によって、アクセントの位置が変わってしまうほんの一例です。他にもあらゆる状況に応じて、同じ単語でもアクセントをつけたり、つけなかったりするのです。本書はアメリカ英語で統一していますが、文中のどの語にアクセントをつけるべきか、つけないべきか、そしてどのようにつけるかに関するルールを重点的に取り扱います。とくに文の単位で考えるとき、このアクセントのルールがもたらす文全体への影響をイントネーションや強勢と言います。

2nd STEP ミニ講義

何を学ぶ？ ➡ アクセントは移動する

　アクセントは、「ひとつひとつの単語で決まっていて、その語の特定の音節を強く発音すること」と定義されています。ところが、実際はどうでしょう。下の例を見てください。

🎧 CD 21　**LISTEN**

例1

　アクセントをどこにもつけず、全体的に弱く平板に読んだり

This news is important to us.
（このニュースは私たちにとって重要です）

辞書どおりにアクセントをつけて読んだりします。

It is important for us to know the full truth.
（真実を知ることは私たちにとって重要です）

例2

　やはり、アクセントをどこにもつけず、平板に読んだり、

There are many English words.
（たくさんの英単語があります）

辞書どおりにアクセントをつけて読んだりします。

She speaks good English.
（彼女は上手に英語を話します）

　複数の単語が並ぶと、ある語は辞書どおりにアクセントをつけて読み、ある語は、弱く、アクセントをつけず平板に読むというルールがあるのです。弱く発音する語で息をため込み、特定の箇所にくる語のところで、それまでため込んできた息を一気にドパーッと吐き出すように強く発音します。

3rd STEP かんたん3分エクササイズ

　複数の単語が並ぶと、どれかの語のアクセントがまったくなくなります。ここでは同じ語でもアクセントをつけたりつけなかったりする練習を2語で練習しましょう。CDの音声を真似して自分でも発音してみましょう。

CD 22　LISTEN & SPEAK

　　　　強
English people
　　強
study English
　　　　　　　強
important language
　　　強
It is important

> CDの音声を聞いて、最初の語を弱く平板に読み、息をため込んで、2番目の語を辞書の発音記号どおりにアクセントをつけて、ため込んだ息を一気に吐き出すように、強く発音しましょう。

まとめ

単語を単独で考える場合、強く発音する音節はアクセントと呼ばれ、それは、辞書を見ても分かるように、一語一語カッチリ決まっています。しかし、文中で考える場合、それは、決まっていません。イントネーション（次章）、または強勢のルール（第6章）が優先するからです。それにより、この章で体験したような「アクセントの移動」が起こります。

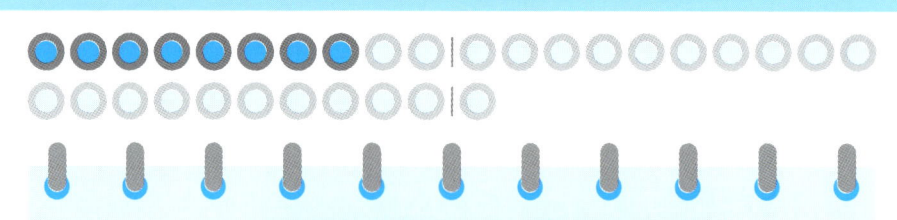

音感スイッチ 08 語調で意味を伝える

> アクセントの位置によって意味や品詞が変わる!?

1st STEP 聞いてみよう♪

LISTEN (CD 23)

For the record, I want to record your talk.
（はっきり言っておくが、私はあなたの話を記録したい）
ボキャブラリー　for the record　はっきり言っておくが

He deserted me in the desert.
（彼は砂漠で私を見捨てた）

第3章　アクセント

先生おしえて！　ネイティブ と 日本人 どうしてこんなに違うの？

あれ〜ッ！？　同じつづりの語なのにアクセントの位置が違う。意味もぜんぜん違うよ。

はい。これは英語の根本的な性質からきています。日本語は基本的に文字で意味を伝える言葉です。それに対して、英語は文字だけでなく、アクセントなどの語調で意味を伝える言葉なのです。英語ほど例は多くないにしても、日本語の「箸」と「橋」をちょっと考えてみてください。

あっ！どっちも「ハシ」だ。

でしょう。だから話すときはアクセントの位置を変えることによってのみ正確に意味を伝えることができますね。

　強
ハ シ → 箸

　　強
ハ シ → 橋

　これとまったく同じことです。面白いのは、左ページの例文で、もしrecord、desertのアクセント強の位置をそれぞれ入れ替えたとしたら、まったく意味が通じなくなってしまう、ということです。

2nd STEP ミニ講義

何を学ぶ？ → アクセントの位置で意味が決定される語

❶ つづりが同じでもアクセントの位置によって品詞が変わる

🎧 CD 24 **LISTEN**

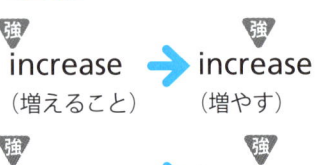

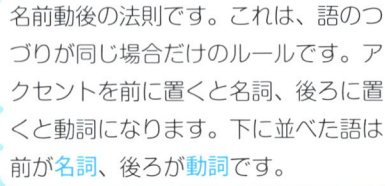

> 名前動後の法則です。これは、語のつづりが同じ場合だけのルールです。アクセントを前に置くと名詞、後ろに置くと動詞になります。下に並べた語は前が名詞、後ろが動詞です。

強　　　　　　　**強**
increase　→　increase
（増えること）　（増やす）

強　　　　　　**強**
import　→　import
（輸入）　（輸入する）

強　　　　　　**強**
conduct　→　conduct
（運営）　（指揮する）

強　　　　　**強**
survey　→　survey
（見渡すこと）　（見渡す）

強　　　　　**強**
rebel　→　rebel
（反抗者）　（反抗する）

❷ つづりが同じでもアクセントの位置によって意味が変わる

🎧 CD 25 **LISTEN**

> さらに、同じつづりの語でもアクセントの位置を変えることによって意味がまったく変わることがあります。

強　　　　　**強**
desert　→　desert
（砂漠）　（捨てる）

強　　　　　**強**
object　→　object
（物）　（反対する、意義を唱える）

強　　　　　　　　　　**強**
refuse [réfju:s]　→　refuse [rifjú:z]
（廃棄物、ごみ）　（断る、拒否する）

強　　　　　**強**
subject　→　subject
（主題）　（支配する）

強　　　　　**強**
invalid　→　invalid
（病人）　（[免許などが] 無効な）

第3章　アクセント

3rd STEP　かんたん3分エクササイズ

　下の名詞を動詞に変えた場合のアクセントの位置を、名前動後の法則を使って推測して発音してみましょう。答えはそのあと、CDで確認してください。

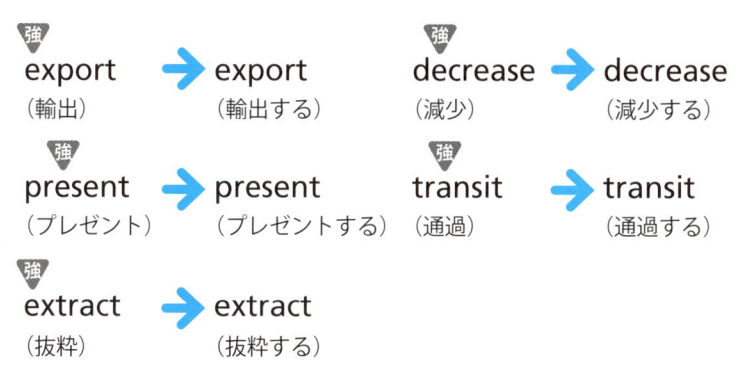

強
export ➡ export
（輸出）　（輸出する）

強
decrease ➡ decrease
（減少）　（減少する）

強
present ➡ present
（プレゼント）　（プレゼントする）

強
transit ➡ transit
（通過）　（通過する）

強
extract ➡ extract
（抜粋）　（抜粋する）

CD 26　LISTEN　CDの音声で確認しましょう。

答え　export　decrease　present　transit　extract
（各語 **強** マーク付き）

> transitは名詞・動詞ともに前にアクセントがつきます。

まとめ

日本語が原則として、文字を表記通りに読み、意味を伝える言葉なのに対して、英語は文字とアクセントなどの語調を使って意味を伝える言葉なのです。アクセントの位置を間違えると文字を間違えるのと同様、意味が通じなくなってしまいます。

ちょっとブレイク ダイスキな音楽を英語の勉強に利用しよう

①メロディーと一緒に英語のフレーズを覚える

→ 曲のメッセージを理解すれば、英文の歌詞を、糸をたぐりよせるようにして自然に記憶に定着させることができます。そうすることによって、英語のフレーズをはるかに効率よく覚えることができます。

②発音の練習になる

→ ダイスキな曲は何度聞いても退屈しません。繰り返し聞くことで耳が英語の音に慣れ、自分でもしだいに、正確な発音を体得できます。

（126ページの ちょっとブレイク で例を紹介します）

③語彙が増える

→ 歌詞の中には知らない英単語がでてきます。日本語訳がついていれば、すぐに意味を確認できますし、自分でも驚くほど早く、曲の中の単語は覚えてしまうものです。 （152ページの ちょっとブレイク で例を紹介します）

第4章

間の取り方＆
イントネーション①

音感スイッチ 09 英語の音域

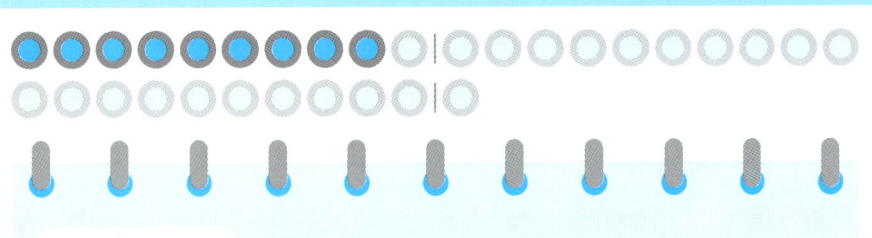

→ 日本語の音域と英語の音域は幅が違う!?

1st STEP 聞いてみよう♪

文の抑揚に注意して聞いてみよう。

🎧 CD 27 LISTEN

I see the point.
（意味がわかった）

I enjoy learning English.
（ぼくは、英語を勉強するのが楽しい）

In many ways, Listening to English is just like listening to music.
（あらゆる意味で、英語を聞くのは音楽を聞くのと同じことだ）

第4章　間の取り方&イントネーション①

先生おしえて！　ネイティブ と 日本人 どうしてこんなに違うの？

学校で英語を勉強しても、ネイティブスピーカーの英語とは大きなギャップを感じますね。どうしてか考えたことはありますか？

ありません。とにかく、聞き取れない、話せないんです💧

それは母語の日本語に順応しきっている頭が、日本語の特徴と異なる英語特有の要素を全部シャットアウトしてしまうからです。でもシャットアウトされた部分こそ英語の「音感」なのです。ここでは頭がはねつけてしまう「英語」の正しい子音や母音の発音、アクセント、イントネーション、リズムといった「音」に関する要素に的を絞っていきましょう。

前のページでは「ア」「イ」の英語の音がわかったよ。

そう。少しずつでいいんです。少しずつ英語の音に慣れていってください。それでは、さっそく日本語とは肌が合わない英語の「イントーネーション」から始めましょう。

2nd STEP ミニ講義

何を学ぶ？ ➡ 「聞き取りにくい英語」の正体

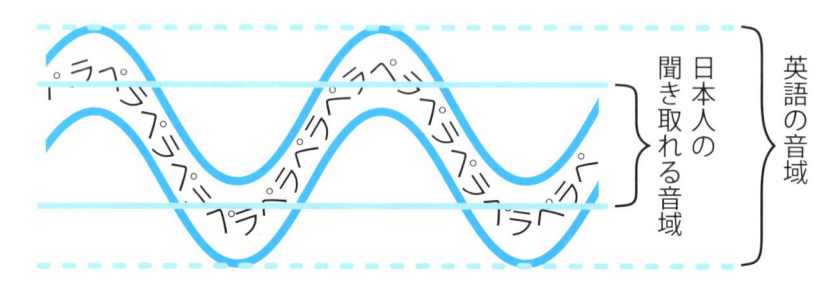

```
       ペラペラ            ペラペラ
    ペ      ラ         ペ      ラ
  ラ          ペ     ラ          ペ        }日本人の聞き取れる音域  }英語の音域
 ラ             ラ  ラ              ペ
ペ               ペラ                ラ
                                      ペ
       ペラペラ            ペラペラ
```

　上図のように日本語と英語には「音域に違い」があります。イントネーションをあまりつけない日本語に対し、英語は音階の高低差が極端な、抑揚に富んだ言語です。英語には日本語の音域から大幅にはみだしてしまう音があることを知っておきましょう。

　多くの人はこのはみだした部分を言葉と認知できず、単なる雑音として聞き流してしまいます。これが聞き取りにくい英語の正体です。

　英語のイントネーションには、ハッキリとしたパターン、機械的なルールがあります。この章から学び取っていきましょう。

第4章　間の取り方&イントネーション①

3rd STEP　かんたん3分エクササイズ

それぞれの例文は、音階の高低差を表した曲線Ⓐ ⒷⒸのどれとマッチするでしょうか？

❶ I see the point.
❷ I enjoy learning English.
❸ In many ways, listening to English is just like listening to music.

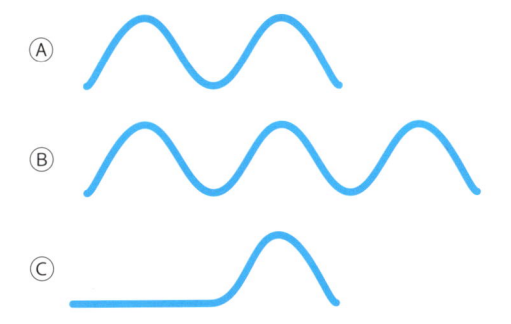

Ⓐ 〜〜〜
Ⓑ 〜〜〜〜
Ⓒ ＿⌒＿

答え　❶ Ⓒ　❷ Ⓐ　❸ Ⓑ

もう一度 CD27 を聞いて確認しておきましょう。

まとめ

日本語の音域に慣れた頭脳は、その音域からはみでた英語の音を言葉として受け入れてくれません。その一番ネックになるのが抑揚に富んだ英語のイントネーションです。がむしゃらにヒアリングに時間を費やしても、日本語脳が邪魔をするので、英語のイントネーションのパターンは見えてきません。次ページからはこのなかなか見えてこないイントネーションのパターンを学習していきます。

音感スイッチ 10 文節で切る

→ ネイティブスピーカーは英文を途中で切る！

1st STEP 聞いてみよう♪

LISTEN CD 28

In my childhood, I started to dream of becoming a baseball player and my dream came true.
(子供の頃から、野球選手になるのが夢だったんだ。そして、うそかまことか、その夢がかなったんだ)

ボキャブラリー dream come true　夢がかなう

先生おしえて！　ネイティブ と 日本人 どうしてこんなに違うの？

長文英語の攻略のカギは、イントネーション・ユニット(intonation unit)と呼ばれるものを素早く見つけることです。名称が長いので本書ではI.U.（アイ・ユー）と呼びましょう。

アイユウ？

文の意味上の最小区分のことです。あえていえば、日本語の文節です。しかし、日本語は一語一語、並べて話し、文節で区切って話しません。それに対して、英語は複数の語を文の意味上の最小区分ごとに一つの房みたいにして区切って話します。それがI.U.と呼ばれるものです。

左ページの英文でいうなら、In my childhood, のこと？

はい。「会話」と「文章」の英語は構成が違います。「文章の英語」のように会話文はきれいにまとまっていません。そのつど思いついたことを口にするから文法さえ逸脱した言葉になることもあります。

僕の日本語も文法がめちゃめちゃになることがある。

でしょう。そこで、英語の会話では意味上の最小区分であるI.U.ごとに相手に意図を伝えようとするのです。

最小区分ならなんとか意味がキャッチできる気がする。

最小区分を正しくキャッチして、また次の最小区分をキャッチする。その積み重ねで長文の意味も簡単に把握できます。

2nd STEP ミニ講義

何を学ぶ？ → イントネーション・ユニット（I.U.）による文の区切り方

区切って読むところを / （スラッシュ）で示します

LISTEN (CD 29)

❶ 長い主語の後

The United Nations Development Programme / helps many countries worldwide for their further developments.
（国際連合開発計画は、世界中の国々のさらなる発展を支援する）

❷ to不定詞の前

Mr. Brown came here / to deliver his speech.
（ブラウン氏は、演説するためにここに来た）

❸ 前置詞句（前置詞＋名詞）の前

I went to the new shop / behind your school.
（君の学校の校舎の裏にある、新しくできた店に行った）

❹ 疑問詞で始まる名詞節の前

I wonder / whether he comes or not.
（彼が来るのかどうかわからない）

❺ 接続詞の前

English is an important language / because it is spoken in many countries.
（英語は重要な言語だ。なぜならたくさんの国々で話されているから）

ただし、原則に沿っていても、あまり短すぎる場合は区切らない。
× I like / to play tennis.
（私はテニスが好きです）

3rd STEP かんたん3分エクササイズ

下の例文を、意味上、I.U.で区切れるところを左ページの原則に沿って区切ってみましょう。

I asked the staff in the reception of the hotel if they offered WiFi because I found the place very quiet to Google.
（ホテルの受付で無線インターネットアクセスがあるのか聞いた。というのは、そこはとても落ち着いた場所だったのでGoogleでインターネット検索をしたかったから）

答え　　　　　　　　　　　　　　　　　　CD 30　LISTEN

❶ I asked the staff　← 短い文
（係りの人に聞いた）

❷ in the reception of the hotel　← 前置詞句
（ホテルのレセプションで）

❸ if they offered WiFi　← 名詞節
（ここでは無線インターネットアクセスがあるのかどうか）

❹ because I found the place very quiet　← 接続詞
（なぜならここはとても静かな場所だと思ったので）

❺ to Google　← to不定詞
（Googleでインターネット検索する）

まとめ

文章の英語と違って、会話の英語ではその都度思いついたことをI.U.ごとに相手にわからせようとするため、I.U.が一つの文に近い機能を備えています。ということは、聞く側もI.U.ごとに意味をキャッチできれば相手の言っていることはほとんどわかるのです。

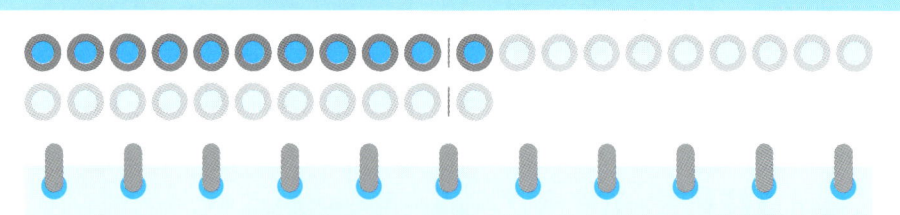

音感スイッチ 11 ピッチ（音階の高低差）

→ 言葉も音楽もメロディーがついたほうが聞きやすい

1st STEP 聞いてみよう♪

次の例文の、I.U.末のスラッシュがあるところの語（English）と、文末の語（fun）に注意して聞いて、日本人とネイティブスピーカーのイントネーションの違いを比べよう。

CD 31 LISTEN

① 日本人
I learn English / and have fun.
（私は英語を楽しんで学ぶ）

② ネイティブ
I learn English / and have fun.
（私は英語を楽しんで学ぶ）

第4章　間の取り方＆イントネーション①

先生おしえて！　　ネイティブ　と　日本人　どうしてこんなに違うの？

I.U.による区切りの部分は音でもわかるの？

もちろんです。文のイントネーションに大きく関与しているから、イントネーション・ユニット（intonation unit）と呼ばれる由縁なのです。ここで第3章を思いだしてください。「文」になると、すべての単語にアクセントがつくわけではなくなりましたね。

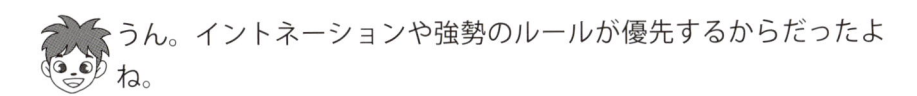

うん。イントネーションや強勢のルールが優先するからだったよね。

文中でI.U.ごとにアクセントをつけると、音楽のメロディーみたいなものが生まれます。アクセントのつけ方には3種類の方法があることを確認しておきましょう。

①**ストレスをつける方法**
　　ある語の第1アクセントがつく音節を単に強く発音する
→ストレス　第6章（P89〜）で学習します

②**ピッチをつける方法**
　　ある語を単に他の語より強く発音するだけでなく、その語の第1アクセントがつく音節に、ことさら大きな音程の変化・音階の高低差をつける
→ピッチ　この章で学習します

③**音を伸ばす方法**
　　I.U.ごとに、その最後にくる語の第1アクセントがつく音節の母音を長ーく伸ばして発音する。それによって文の意味上の最小区分を目立たせ、相手にわかりやすくする。
この章で学習します

2nd STEP ミニ講義

何を学ぶ？ ➡ ピッチをキャッチしてリスニング力UP

　学校では疑問文の上昇調のイントネーションに対して、平叙文は文末に下降調のイントネーションをつけると習いました。しかし、多くの日本人はそれを文末は音を下がり気味に言う、と誤解しています。次の例文で、正しい下降調のイントネーション（ピッチ）を、音階の高低差を示すカラー線で見てみましょう。実際のネイティブスピーカーの英語では下降調のイントネーションはI.U.ごとに（文末も含める）つけます。

🎧 CD32 **LISTEN**

I.U.末の語の第1アクセントがつく音節で
いったんできるだけ音階を上げておいて、その後、下げる

English is important.　〇
（英語は重要だ）

　これが前ページにでてきたピッチ（＝上下すること）です。それによって、文全体にメロディーがうねるような抑揚が生まれます。

English is important.　×

3rd STEP かんたん3分エクササイズ

音感スイッチ10で学習した原則を参考にして文を区切ってみよう。そしてI.U.末の語にピッチをつけて読んでみよう。

Whether you want to make an appointment for the next meeting or not is absolutely your call.
(次回のアポを取るかどうかは君が好きにしてくれ)

ボキャブラリー call 決断

答え

🎧 CD 33 **LISTEN**

Whether you want to make an appoint**ment** / for the next meeting or **not** / is absolutely your **call**.

まとめ

I.U.末の語に思いっきり音階の高低差（ピッチ）をつけて、文の意味上の最小区分を明確にします。このI.U.の区切りごとにつけるイントネーションの機能は非常に重要で、それによってネイティブスピーカーは文の意味上の区分にメリハリをつけ、相手にわかりやすく自分の意思を伝えるのです。このパターンを知っていると、I.U.ごとに、相手の言っていることを理解することができ、リスニング力が格段にアップします！

音感スイッチ 12 I.U.のもう一つの聞き分け方

→ 音を伸ば———して区切りをハッキリさせる

1st STEP 聞いてみよう♪

○がついている母音に注意して聞いてみよう。

🎧 CD 34 LISTEN

① **There is no pr⊙blem / with my pc.**
（私のpcには問題はありません）

② **I was treated / like a real member of their f⊙mily.**
（彼らは私をまるで本当の家族のようにもてなしてくれた）

第4章　間の取り方＆イントネーション①

先生おしえて！　　ネイティブ　と　日本人　どうしてこんなに違うの？

な───んだか一部の単語の音がやたらに伸びてるけど。

そ───なんです。ネイティブスピーカーはI.U.ごとにピッチで文を区切って話すだけでなく、I.U.の最後にくる語を伸ば───して発音することで、文のリズムを取っているのです。

わかったぞ。「コニチワ」になってしまう理由につづいて、どうして彼らが日本語を話すとき、「アナータ」「ナマーエ」「ダカーラ」とか、ヘンな伸ばし方をするのか。これらは、この音を伸ばすI.U.の習慣にあるんだね。

You nailed it!!（まさにそのとおり!!）　彼らのクセが日本語にも出ていますね。

2nd STEP ミニ講義

何を学ぶ？ → 短母音にアクセントがつく単語

🎧 CD 35 LISTEN

　I.U.の区切りを明確にするのに、ピッチの次に多く使われるのが、最後の語の音を伸ばして読むテクニックです。これは普段は短く発音されるはずの**短母音にアクセントがつく単語**が、I.U.の最後にくると、その母音は**伸ばして発音される**という現象です。

短母音

product[prádʌkt]
（製品）

pocket[pákit]
（ポケット）

possible[pásəbl]
（可能な）

popular[pápjulər]
（人気のある）

economy[ikánəmi]
（経済）

　長母音にアクセントがつく単語とは、発音記号でアクセントがつく母音に長音記号ːがついていたり、母音が2つ並んでいる単語のことを言います。これらの単語は普段から音を伸ばして発音するため、さらに伸ばして発音することはありません。ピッチをつけます。

長母音

boat[bóut]
（ボート）

spouse[spáus]
（配偶者）

thought[θɔ́ːt]
（考え）

talk [tɔ́ːk]
（話す）

learn[lə́ːrn]
（学ぶ）

3rd STEP　かんたん3分エクササイズ

LISTEN & SPEAK　CD 36

○がついている母音に注意して聞いてみよう。また、その母音の音をとくに伸ばして自分でも文を読んでみよう。それ以外のI.U.末の語にはピッチをつけましょう。

He knows the area / like the back of his h(a)nd.
（彼はその地区の事は隅から隅まで知っている）
ボキャブラリー the back of one's hand 隅から隅まで

I was (a)sked / to join their pr(o)ject.
（彼らのプロジェクトに参加するように頼まれた）

Nobody had ever b(o)thered / to go to the place.
（誰もその場所に行こうとしなかった）

I went to the d(o)ctor / to see if there was something wrong with my b(o)dy.
（健康チェックにお医者さんのところに行った）

まとめ

I.U.によって、文の区切りを明確にする方法は、その最後にくる語にピッチをつけるか、またはその語のアクセントがつく母音（短母音の場合のみ）を伸ばして発音するかの2パターンです。この2パターンを知っていれば、I.U.ごとに意味をキャッチし、全体の文意も理解できるという究極のリスニングテクニックをものにできます。

音感スイッチ 13　I.U. の応用

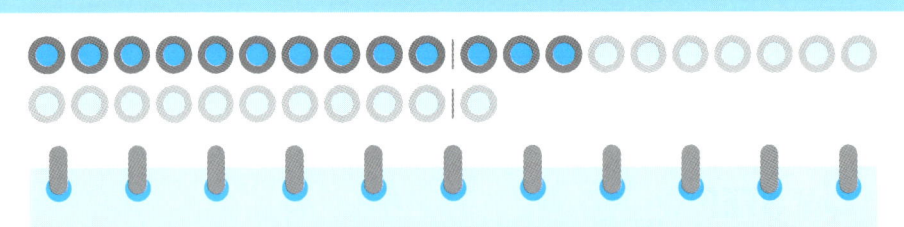

→ 強く読む語＝伝えたい語を決めておく

1st STEP 聞いてみよう♪

ピッチをつける位置に注意して聞いてみましょう。

CD 37　LISTEN

① **I**(強) asked him.（彼に聞いた）

② I am **afraid**(強) so.（気の毒だが、そういうことだと思う）

③ I **like**(強) it.（私はそれが好きだ）

先生おしえて！　ネイティブ と 日本人 どうしてこんなに違うの？

I.U.末（例文では文末）とは関係ないところにピッチを置いている。どうして〜？

I.U.によるイントネーションには、ちょっとした補足ルールがあります。第6章でとくに重要になってくる概念ですが、ここでは簡単に「内容語」と「機能語」について理解しておきましょう。ネイティブスピーカーが英語を話すときは常にこれらが関わっています。

それって、難しいの？

とても簡単です。

> 内容語…文意を伝えるのに必要な語を指し、ピッチやストレスをつけて強く読みます
> 機能語…なくても文全体の意味は通じるような語を指し、弱く読みます

　これだけです。面白いことに、I.U.末にくる機能語は、ほとんどの場合、前置詞や代名詞です。それらにはピッチをつけず（すなわち、弱く発音する）、直前にくる内容語にピッチをつけて強く発音します。そのため、左ページの例文は、いつもとピッチの位置が違ったのです。

2nd STEP ミニ講義

何を学ぶ？ → 内容語と機能語

　ネイティブスピーカーは常に、内容語（強く読む）、機能語（弱く読む）の概念を念頭に文を読みます。

内容語…文にしなくても並べるだけで意味がわかる語群	名詞、動詞、形容詞、副詞、数詞、指示代名詞（this, that, these, those）、疑問詞
機能語…文を成立させるための文法的な役割だけをもつ語群	代名詞（I, you, he/she/it, we, they）、動詞の例外としてhaveとbe動詞、助動詞、前置詞、冠詞、接続詞、関係詞

前置詞と代名詞
　I.U.末にくる機能語はほとんどの場合、前置詞か代名詞。それらの語は弱く読み、その直前にくる内容語にピッチをつけます。

●前置詞は必ず目的語（目的格の名詞）をとります
例　in the house
　　　（家の中）
　ここではinが前置詞でthe houseが目的語と呼ばれるものです。

●代名詞って何？
　名詞の代わりに用いられるすべての語です。表に示してある例以外にも、soなどがあります。soは、通常「とても」という意味の副詞で、内容語に属しますが、代名詞として使われる場合、やはり弱く発音され、ピッチはその直前の内容語につけます。
例
　The weather forecast says that it is going to rain tonight.
　（天気予報によれば今夜雨が降るそうだ）
　I am afraid so.
　（僕もそう思う）

3rd STEP かんたん3分エクササイズ

下の文で間違ってピッチをつけている箇所はどこでしょう？

❶ It was such a good program / that I really enjoyed being part of it.
（強: program, 強: being）
(それはとても素晴らしいプログラムだった。参加してとても楽しかったよ)

❷ I heard the story first hand / and I wonder if there are any solutions / I can think of.
（強: hand, 強: solutions, 強: can）
(その話はじかに聞いたわ。私に何かできることはないかしら)

ボキャブラリー first hand （第三者からではなく）直接に

❸ The forests will disappear / in the near future / and that's what I am afraid of.
（強: disappear, 強: future, 強: am）
(近い将来森がなくなるだろう。わたしはそれが心配なのだ)

答え
❶ it が×。その直前にくる内容語 part にピッチをつけます。
❷ of が×。その直前にくる内容語 think にピッチをつけます。
❸ of が×。その直前にくる内容語 afraid にピッチをつけます。

LISTEN CDの音声を聞いて、耳で答えを確認してみよう。

まとめ

I.U.によるイントネーションの補足ルールとして、I.U.末と文末にくる語が機能語の場合、それは弱く読み、その直前にくる内容語にピッチをつけます。イントネーションのルールは、一見面倒でも、やってみれば感覚として意外にすぐ定着していくものです。この機能語、内容語に分けて語を二分する概念は、後の章で学ぶ、英語のリズムを生みだします。

第5章

イントネーション②

音感スイッチ14 イントネーションで意味が変わる①

→ 同じフレーズなのにイントネーションを変えるだけで別の意味に！

1st STEP 聞いてみよう♪

下線部に注意してCDの音声を聞いてみよう。

🎧 CD 39 LISTEN

Mike： **Excuse me.**
　　　Can I ask a favor of you?
　　　（ごめん。ちょっと頼みごとがあるんだけど）

Kate： **Excuse me? I can't hear you.**
　　　（え？何て言ったの？聞こえないわ）

第5章　イントネーション②

先生おしえて！　ネイティブ　と　日本人　どうしてこんなに違うの？

ここではちょっとI.U.を離れて、他のイントネーションを紹介します。日本語と違って英語はつづりが意味を伝えるすべての手段ではないことは、アクセントの章（第3章）でも痛感しましたね。イントネーションでも意味がまるで変わってくるような例が身近にあります。左ページの例文のようにExcuse meなどはその代表的な例です。

エーッ！? そんな簡単な語でもイントネーションによって意味が違うの？

そうです。
日本語でも、

↘「はい」＝わかりました。

↗「はい」＝今、何と言いましたか？

というふうに、イントネーションで意味が違ってきますね。簡単なことですから、英語でもしっかりイントネーションを使い分けてください。

2nd STEP ミニ講義

何を学ぶ？ → イントネーションで文の意味が変ってしまう、よくある例

● sorry、pardon、excuse me

LISTEN (CD 40)

Do you like listening to music? ↗
（音楽をきくのは好きですか？）

　上の例文で疑問文のイントネーションを思い出してください。これがいわゆる上昇調のイントネーションでしたね。
　しかしsorry、pardon、excuse meは上昇調で言うのと、下降調で言うのとではまるで意味が違ってきます。

❶ Mike：I failed the exam.
　　　（試験に落ちた）

Kate：Sorry? ↗ / Excuse me? ↗ / I beg your pardon? ↗
　　（いま、なんて言ったの？）

> 疑問文と同じように上昇調で言うと、sorry、pardon、excuse meは、「いま、なんて言ったの？」つまり「もう一度、言ってくださる？」という意味になります。

❷ Mike：You are stepping on my shoe.
　　　（僕の靴を踏んでいるのだけど）

Kate：Sorry! ↘ / Excuse me! ↘ / I beg your pardon! ↘
　　（あ、ごめんなさい！）

> 下降調で言うと、「失礼、ごめんなさい」というような、謝罪の意味になります。

3rd STEP かんたん3分エクササイズ

状況判断の練習です。自分でも言ってみよう。下線部の語のイントネーションを正しく使い分けて意味を伝えましょう。

❶ Could you pass me the salt?──<u>Excuse me</u>?
（お塩を取ってください）　　　　　　（えっ、今何て言ったの？）

❷ <u>Excuse me</u>, could you tell me where the bathroom is?
（すみません。御手洗いはどこですか？）

🎧 CD41　**LISTEN**　CDの音声を聞いて、耳で答えを確認してみよう。

まとめ

英語は文字だけにたよらず、アクセントやイントネーションなどのあらゆる語調を変化させることによって意味を伝える、まさに「音の言語」といえます。つまり、日本語のように「違う語＝違う意味」という図式だけではなく、英語は同じ語でもアクセントやイントネーションを違えることによって、まったく違う意味やニュアンスを伝えるのです。

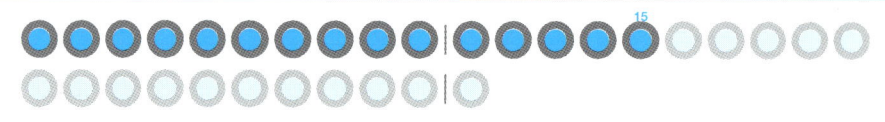

音感スイッチ 15 イントネーションで意味が変わる②

→ 誤解を招くな！

1st STEP 聞いてみよう♪

下線部に注意してCDの音声を聞いてみよう。

🎧 CD 42 LISTEN

🇯🇵 日本人： running **machine**〈強〉
（走っている機械？）×

🇬🇧 ネイティブ： **running** machine〈強〉
（ランニングマシン）○

先生おしえて！　ネイティブ と 日本人 どうしてこんなに違うの？

この日本人はせっかくピッチが使えるのに、ピッチをつける位置を間違えていますね。

複数の語からなる1つの名詞は複合語と呼ばれるんでしょう。でも、それって、ピッチの位置が決まっていたの？そんなの、今まで全然気にしなかったよ。

それを間違ったら、左ページの例のようにトンデモナイ意味になりますよ。

どうして、そんなことになるのかな？

複合語の読み方のルールは次のページを見れば一目瞭然です。

2nd STEP ミニ講義

何を学ぶ？ ➡ 複合語はピッチの位置によってまるで意味が変わること

　複数の語からなる1つの名詞を複合語と言います。一番例の多いのは2語からなる複合語です。

基本ルール

前にピッチをつける…固有名詞／名詞（または動名詞）＋名詞
後ろにピッチをつける…形容詞（または現在分詞）＋名詞

🎧 CD 43　LISTEN

固有名詞

▼強
The White House
（アメリカ大統領官邸）

形容詞＋名詞

　　　　▼強
white house
（白い家）

名詞＋名詞

▼強
ice cream
（アイスクリーム）

動名詞＋名詞

▼強
swimming pool
（水泳のプール）

現在分詞＋名詞

　　　　▼強
swimming man
（泳いでいる男）

第5章　イントネーション②

3rd STEP　かんたん3分エクササイズ

基本ルールに沿ってピッチをつけてみよう。

1. wonderful person
（素晴らしい人）
2. computer industry
（IT産業）
3. room mate
（ルームメイト）
4. lovely puppy
（かわいらしい子犬）
5. drinking water
（飲み水）
6. snoozing student
（居眠りしている学生）

答え

1. wonderful per**son**　（強は person）
2. com**pu**ter industry　（強は computer）
3. **room** mate
4. lovely **pup**py
5. **drink**ing water（動名詞）
6. **snooz**ing student（現在分詞）

CD44 LISTEN　CDの音声を聞いて、耳で答えを確認してみよう。

まとめ

固有名詞、名詞（または動名詞）＋名詞 は前の語にピッチをつけ、形容詞（または現在分詞）＋名詞 は後ろの語にピッチをつけて話しましょう。

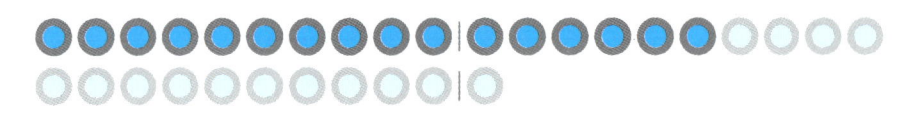

音感スイッチ 16 イントネーションでニュアンスが変わる

→ 丁寧に聞こえるイントネーション？

1st STEP 聞いてみよう♪

下線部に注意してCDの音声を聞いてみよう。

CD 45 LISTEN

Mike: **Shall we have dinner together this evening?**
（今晩、一緒に食事でもどうだい？）

Kate: **I have to see my <u>nephew</u>, call <u>my friend</u>, and run some <u>errands</u> for my parents, I'm afraid.**
（悪いけど、甥(おい)に会って、友達に電話して、親に頼まれた用事をしなきゃいけないの）

ボキャブラリー run errands for ＋人　〜の使いをする

第5章　イントネーション②

> **先生おしえて！**　ネイティブ と 日本人 どうしてこんなに違うの？

ここでは説明のためのイントネーションを学びましょう。

左ページの例文では、せっかくMikeがKateを食事に誘っているのに、Kateは忙しそうだね。

そうですね。Kateは事情を説明しながら、Mikeを傷つけないように断っています。このときのイントネーションはピッチとは全然違うものなんです。

本当だ。とても親切で丁寧なやわらかい口調になっている。

どうしてそう聞こえるのかというと、実は、疑問文と同じ上昇調のイントネーションを使っているからです。日常生活ではいろいろな状況で人は物事を説明しなければなりません。だからこのイントネーションもここでマスターしておかなければなりません。

2nd STEP　ミニ講義

何を学ぶ？ → 英会話で頻繁に使われる説明文のイントネーション

　説明文は疑問文と同じ上昇調のイントネーションを使い、相手の質問などに対して、事物を並べて丁寧に説明したり受け答えしたりします。最後に述べる事物にはピッチをつけます。

　冒頭の会話文ではKateはカラー線のように上昇調のイントネーションで話していました。

Mike： Shall we have dinner together this evening?

Kate： I have to see my nephew, call my friend,

（CD 45） and run some errands for my parents , I'm afraid.

　ところが、説明文で並べるすべての事物に下降調のイントネーションつまりピッチをつけて読んだ場合、ニュアンスはどうなるでしょう。

Mike： Shall we have dinner together this evening?

Kate： I have to see my nephew, call my friend,

（CD 46） and run some errands for my parents, I'm afraid.

　この場合、ピッチで話すと、Kateは怒っているように聞こえます。
　（この多忙な時に迷惑な誘いをして！というニュアンス）

第5章　イントネーション②

3rd STEP　かんたん3分エクササイズ

　下の例文で下線が引いてある事物をすべて上昇調で言い、そして'and'の後にくる最後に述べる事物にはピッチをつけて文をくくりましょう。

LISTEN & SPEAK (CD 47)

Kate： What languages can you speak?
　　　（何語を話せますか？）
Mike： I can speak <u>French</u>, <u>German</u>, and Japanese.
　　　（わたしは、フランス語、ドイツ語、そして日本語を話せます）

Kate： Could you tell me the way to the station?
　　　（駅へはどう行けばいいのか教えてくれませんか？）
Mike： You take this street, go all the way down <u>the hill</u>, come across <u>a big department store</u>, and you will find the station behind it.
　　　（この道を通って丘のふもとまでずっと行ったら大きなデパートにつきあたるので、駅はその裏にありますよ）

まとめ

ほとんどの日本人が無視してしまうのが、平叙文に続き、説明文のイントネーションです。実は疑問文より使用する機会がはるかに多いのです。ネイティブスピーカーの日常会話はほとんど平叙文と説明文で成り立っているからです。説明文では、並べる事物をすべて上昇調のイントネーションで言い、'and'の後にくる最後に述べる事物にピッチをつけて文をくくります。

ちょっとブレイク いろんな Yes

イントネーションで意味が変わるといえば、Yes という一言もいろんな意味で使えます。

LISTEN CD 48

Yes.(↘)そうなんですか

Yes.(→)もちろんそうですよ

Yes.(↪)よくわかります。それで？

Yes.(〜↗)本当にそうなの？

Yes.(↻)ええ、まあそうなんでしょうけれど

朝からたっぷり栄養つけなさい！

Yes ↻

第6章

強勢（ストレス）

音感スイッチ 17 強勢とは？

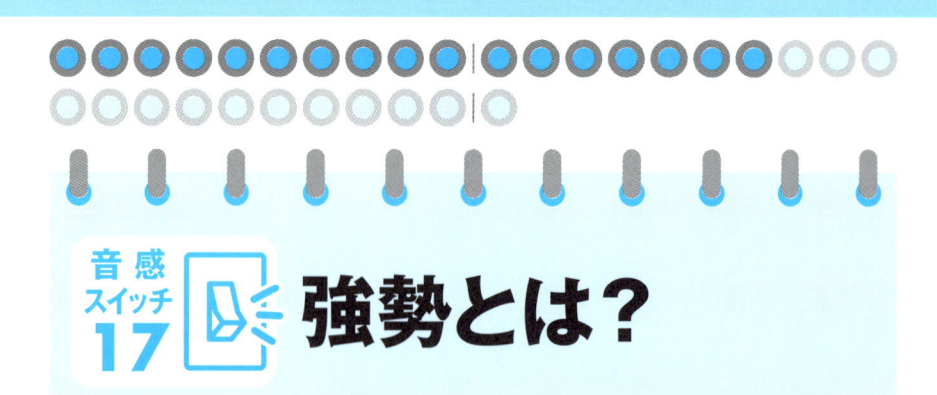

→ 伝えたいことを強く、ほかは弱く。すると抑揚が生まれる

1st STEP 聞いてみよう♪

CD 49 LISTEN

　　強　　　　　　　　　　　　　　　強
I came back home early this evening
　　　　　　　　　　強
/ to watch the TV series.
（テレビのシリーズ番組を見るため、今晩はやく家に帰った）

第6章 強勢（ストレス）

先生おしえて！ ネイティブ と 日本人 どうしてこんなに違うの？

あれ？左ページの例文はI.U.末にくる語（evening, series）以外に、cameにもアクセントがついているぞ？

それは強勢と呼ばれるものです。

強勢ってイントネーションとどう違うの？

イントネーションは、語にピッチをつける（＝その語の第1アクセントの音節でいったん音階を上げ、そのあと下げる）ことでしたね。主に、I.U.ごとにピッチをつけ、文を意味で区切ることによって相手にわかりやすく話すことが目的でした。結果、文全体に大きな音階の高低差を伴ったメロディーのような抑揚が生まれましたね。

それに対し、強勢は語にストレスをつけることです。つまり、その語の第1アクセントの音節を強く発音します。目的もイントネーションと違って、話し手の特別な意図を伝えるのと、文に英語特有のリズムをつけるという2つの機能があります。

「特別な意図を伝える機能」と「リズムをつける機能」？

はい。英語の最大の特徴の一つは、話し手の感情が如実に文中に強勢として反映されることにあります。だから、どのように話されているかという点に注目すれば、相手の本当の真意を読み取ることができるのです。ここでは主に内容語に強勢を置く平叙文と、機能語に強勢を置く強調文（特別な意図を伝える文）を学習します。

2nd STEP ミニ講義

何を学ぶ？ → 内容語と機能語

　第4章でも学習しましたが、ネイティブスピーカーが話すとき、彼らは頭の中では必ず「内容語」と「機能語」に分けて考えています。もう一度、表を見ましょう。

内容語…文にしなくても並べるだけで意味がわかる語群	名詞、動詞、形容詞、副詞、数詞、指示代名詞（this, that, these, those）、疑問詞
機能語…文を成立させるための文法的な役割だけをもつ語群	代名詞（I, you, he/she/it, we, they）、動詞の例外としてhaveとbe動詞、助動詞、前置詞、冠詞、接続詞、関係詞

　機能語はあくまでも文法的機能しかもちません。日本語の「てにをは」ぐらいに考えてください。
例
　　アメリカへ行く　「アメリカ」「行く」＝内容語
　　　　　　　　　「へ」＝機能語
　もし、「へ」がなくて、「アメリカ行く」と言っても意味は通じますね。だから内容語に強勢を置く、機能語を弱く発音する、というのは感覚としては当たり前のことですね。

　英語に話を戻すと、Taro is Japanese.（太郎は日本人です）という文があるとします。Taro Japanese.と、be動詞のisがなくても意味は通じます。だから、isという「be動詞」は表にあるとおり機能語です。よって、内容語のTaro, Japaneseは強勢を置く、機能語のisは弱く発音する、ということです。

3rd STEP かんたん3分エクササイズ

次の語は内容語か機能語か、どちらでしょうか？

every
him
that（指示代名詞）
will　（助動詞）
London Bridge（ロンドン橋）
actually
7（数詞）
in
all

答え

内容語（強く発音）：every、that、London Bridge、actually、7、all
機能語（弱く発音）：him、will、in

まとめ

難しく考える必要はありません。内容語はたとえばMommy（ママ）やDaddy（パパ）のような名詞、eat（食べる）、sleep（寝る）のような動詞など、まだ文法をよく知らないような幼児が並べても意味がわかる語です。それに対して、機能語は内容語を文にするために補足的に伴う語、つまり本来なくても意味が通じるような語というくらいに考えましょう。そして平叙文では、内容語がないと文意が通じませんので、それらは強く発音する、というポイントを押さえればOKです。

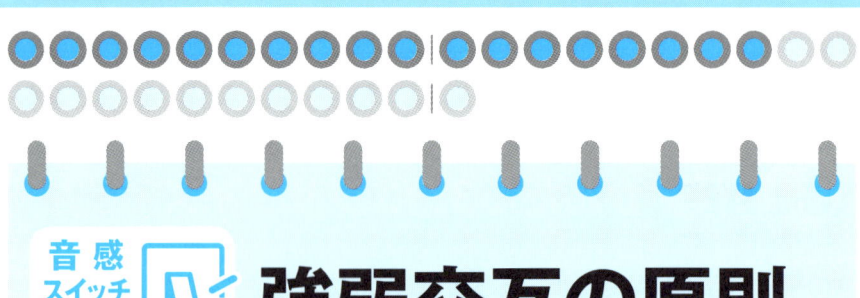

音感スイッチ 18 強弱交互の原則

→ 目立たせたければ、ルールを無視せよ

1st STEP 聞いてみよう♪

LISTEN (CD 50)

　強　　　　　　　　　　　　　　　強
People from many countries speak
強
English.
（たくさんの国々の人が英語を話します）

第6章　強勢（ストレス）

先生おしえて！　**ネイティブ** と **日本人** どうしてこんなに違うの？

この例文はfrom以外、全部内容語のハズなのに、すべての内容語に強勢が置かれているわけじゃないネ!?

確かにこの例文では、People、many、countries、speak、Englishはすべて内容語ですね。ただ、機能語が1つしかない。つまり弱く読むところが1か所です。それに対し、内容語が多すぎませんか？強く読むところが多すぎます。

と、いうと？

たいていの文では内容語の方が機能語より圧倒的に多くなります。たとえば例文の内容語すべてに強勢を置いて読むことをイメージしてください。なんとなくバランスがよくないですね。つまり読みづらくはありませんか？

そういえば、読みづらい。舌を噛みそうだ。

そこでネイティブスピーカーが話すとき、ごくナチュラルな読み方ができるように、隣接する内容語は続けて強く読まないのです。次のページで具体的に見てみましょう。

2nd STEP　ミニ講義

何を学ぶ？ → 強く読むところ、弱く読むところ

I go to the park every morning.
（私は毎朝、公園に行く）

　カラーがついているのが機能語です。これらを除いても…

__ go ___ ___ park every morning.

　最低限の意味はわかりますね。残った語が内容語だからです。強勢はこれらの語に置くはずですが、ここで重要になってくるのが、強弱交互の原則です。ここでは内容語のpark、every、morningで、強・強・強と連続してしまいますが、英語は強・弱を交互につけてバランスよく読むことを優先します。たとえばeveryは内容語ですが、機能語と同じく「弱」く発音しましょう。そしてeveryを除いた語に強勢▽をつけます。

　　　強　　　　強　　　　強
__ go ___ ___ park every morning.

　すると、「強」と「弱」が交互に繰り返されているようになりました。これでナチュラルに読みやすくなりました。機能語のI、to、theを元に戻して、CDの音声に合わせてリズムよく音読しましょう。park、morningはI.U.末の語なのでピッチをつけます。

CD 51　LISTEN & SPEAK

　強
I go to the park every morning.

3rd STEP　かんたん3分エクササイズ

　下の例文を、内容語と機能語に分けて、強弱交互の原則を当てはめて読んでみよう。

The American society is often described as 'the salad bowl'.
（アメリカの社会はよく、人種のるつぼと言われる）

ボキャブラリー salad bowl 多様な民族、人種、文化が共存している社会。今日では、人種差別が緩和して、それぞれの文化の多様性をより尊重するようになったという意味で、文化の多様性をあまり認めない 'melting pot' より好まれて使われる。

答え

　　　　　　　　　強　　　　　　　　　　強　　　　　　強
The American society is often described as 'the salad bowl'.

CD 52　LISTEN

注意！ salad bowl は2語からなる1つの名詞（複合語）と考えます。文末のピッチは、salad bowl の前の語saladにつけます。

まとめ

語を内容語、機能語に分けることを学びました。そして実際の文中ではすべての内容語に強勢を置くのではなく、強弱が交互にくるようにしてバランスよくナチュラルに読むことも学びました。これがネイティブスピーカーの平叙文の普通の読み方です。

音感スイッチ 19　強調文

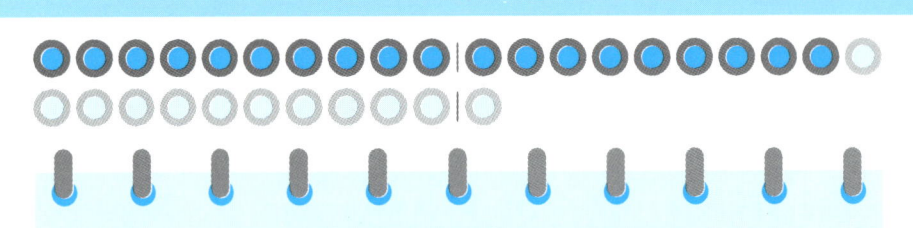

→ 普通でない読み方には常に相手の意図が含まれている

1st STEP　聞いてみよう♪

CD 53　LISTEN

That's it.
（その通りだ）

That's it!
（もう、それでおしまい！）

> **先生おしえて！** ネイティブ と 日本人 どうしてこんなに違うの？

最初の例文は内容語であるthat（指示代名詞）に強勢が置いてあるのはわかるけど、2番目の例文は機能語であるit（代名詞）に強勢が置かれている。どうして？

機能語が内容語にとってかわって強く発音される、ということです。これまで学習してきたことと正反対ですね。読み方をわざと普段と変えるのが目的です。これを強調文と言い、話し手の意図が大きく関与する例外的なテクニックです。すなわち機能語である代名詞、be動詞、have動詞、助動詞、前置詞などに強勢が置かれます。

> 内容語に強勢を置く＝普通の読み方
> 機能語に強勢を置く＝普通でない読み方＝話し手に意図がある

と、いうふうに考えると簡単かな。

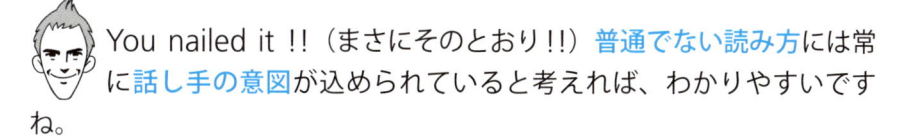

強勢を置かないルールの機能語にも、強勢を置く場合があるんだね。

You nailed it !!（まさにそのとおり!!）普通でない読み方には常に話し手の意図が込められていると考えれば、わかりやすいですね。

2nd STEP ミニ講義

何を学ぶ？ ➡ 機能語に強勢を置くと何かが起こる

　　　強　　　　　　　強　　　　　　強　　　　　　　　　強
This is a brand new bag I bought yesterday and I like it

　　強
very much.

(昨日買った新しいバッグよ。とても気に入っているの)

　　　強　　　　　　　　　　強　　　　　　強　　　　　　強
This is a second hand bag with lots of stains but I like it

　　強
very much.

(中古のいっぱい汚れがついているバッグだけど、個人的にはとても気に入っているの)

 ボキャブラリー brand new 新品の

🎧 CD 54 **LISTEN**

　最初の文はすべての内容語に強勢が置かれているのに対して、2つ目の文は1か所、I like it very muchで、機能語である人称代名詞のIのところに強勢が置かれています。ここに話し手の特別な意図が隠されているというわけです。おやっ、と聞く人の注意を引くテクニックです。

3rd STEP　かんたん3分エクササイズ

　下の2つの例文で、下線が引いてある機能語（人称代名詞）のうち、どれに強勢が置かれるか自分で判断してみましょう。

❶ Kate：Nobody can handle the situation. What do ⒶyouI think?
　　　（みんな、この状況にはさじを投げたの。あなたならどう？）
　Mike：ⒷI think it is going to be a piece of cake.
　　　（ぼくに言わせてみれば、朝飯前さ！）

ボキャブラリー piece of cake　朝飯前だ、とても簡単なことだ

❷ Mike：My best friend's name is Taro.
　　　（ぼくの親友の名前は太郎なんだ）
　Kate：ⒸI like his name.
　　　（いい名前ね）

答え ⒶⒷ

　考え方は、❶では、「みんな」という比較対象があるので、人称代名詞の「あなた」、「私」は強調される。❷では、「誰それ」という比較対象がないので、「私」は強調されない。

CD 55 LISTEN　CDの音声を聞いて、耳でも答えを確認してみよう。

まとめ

内容語に強勢を置く、これは平叙文の読み方です。逆に話者がいつもと違う意図や感情を伝えるときは、機能語に強勢を置きます。聞き手にはいつもと違うニュアンスに聞こえるので、話者の意図を察することができるのです。英語は機能語に強勢を置くことによって自己表現することがけっこう多い言葉です。

音感スイッチ 20 強調 do

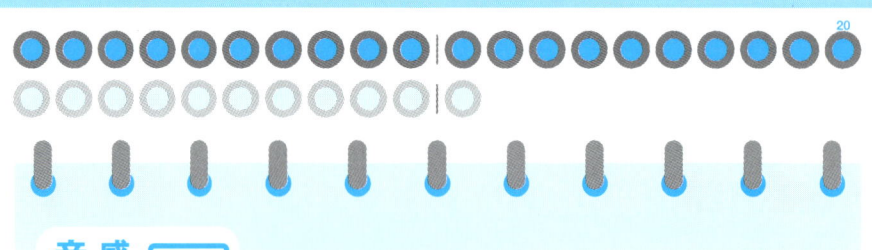

→ 「てにをは」を強調するシーンもたくさんある

1st STEP 聞いてみよう♪

LISTEN (CD 56)

You didn't do your homework, did you?
（宿題やってこなかったでしょ？）

　　強
I did it.
（やったよ！）

第6章 強勢（ストレス）

先生おしえて！ ネイティブ と 日本人 どうしてこんなに違うの？

やっぱりヘンだな〜。機能語に強勢を置くのは。だって日本語の「てにをは」を強く発音して読むような感じだもん！

そうですか？それはまだ日本語の発想が頭から抜けきっていないからですねえ。でもそんなにヘンに聞こえるようなら、学校で習った助動詞doを思い出してみましょう。I do speak Englishのspeakを強調したいとき、強勢が置かれるのはどこですか？

学校で習ったような…doかな。

正解です。みなさんのなじみのある助動詞doから、機能語の強調表現のテクニックをさらに深めていきましょう。助動詞doは「〜なんだ!!!」と強く肯定するときに使いましたネ。

2nd STEP ミニ講義

何を学ぶ？ → 機能語に強勢を置くときの会話の流れ

LISTEN

Mike： Do you believe me?
（僕を信じるかい？）

Kate： I <u>do</u> believe you.
（あなたを信じるわ）

　doはすでに前に話題にでた事例に対して「本当に／実際に〜なんだ！」という強い感情や意見をもって使われます。助動詞のdoは感情の強調表現なのです。この例文で確認してほしいのは、doに強勢が置かれていても意味上強調しているのは後続の語believeということ。つまり、do自体には後続の語を強調する以外の特別な意味はありません。believeにあえて強勢が置かれないのは、相手が何を話題にしているかわかっているからです。

3rd STEP かんたん3分エクササイズ

下線が引いてあるdoのうち、どれに強勢が置かれるか自分で判断してみましょう。

❶ ⒶDo you speak English?
（あなたは英語をしゃべりますか？）

❷ Kate : You didn't like spinach when you were a child, did you?
（あなた、子供の頃はほうれん草がきらいだったんじゃなかった？）
　Mike: You are right, but I ⒷdO like it now.
（そうなんだけど、今は本当に好きなんだ）

答え Ⓑ

会話の脈絡から、受け答えの文が「初めて話題になっていることに関してか」、「すでに話題になっていることに関してか」で考えます。そして後者の場合、強調文になります。

LISTEN CDの音声を聞いて、耳で答えを確認してみよう。

まとめ

実際の会話でネイティブスピーカーが頻繁に置く機能語の強勢。日本語で言えば、「てにをは」を強く発音するような考えにくい現象です。しかし、英語では話者の強調表現の方法が日本語と違うだけなのです。とくに何らかのテーマがすでに話題になっているような場合、ネイティブスピーカーは決まって機能語に強勢を置きます。

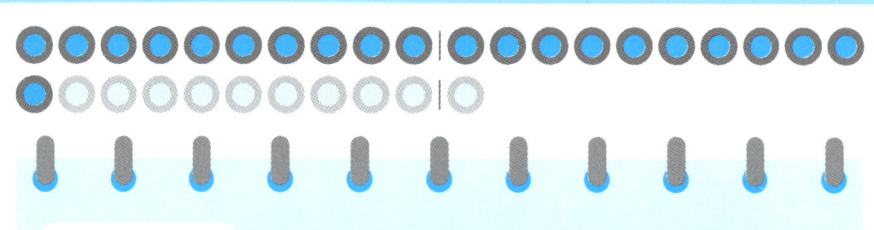

音感スイッチ 21 be動詞の強勢

→ 強調したい補語ではなく、その前のbe動詞を強く!?

1st STEP 聞いてみよう♪

🎧 CD 59 LISTEN

平叙文

① I am **tired**.
（僕は疲れた）

意味上 'tired' を強調する文

② I **am** tired.
（僕は―本当にという強い感情をこめて―疲れた！）

第6章 強勢（ストレス）

先生おしえて！ ネイティブ と 日本人 どうしてこんなに違うの？

②の例文を見てください。「〜は〜だ！」と断定的に強調したい場合はbe動詞の方に強勢が置かれます。

tiredじゃないの？強調したい補語の方に強勢を置きたくなってしまうけど。

日本語の感性を英語に持ち込んではいけません。tiredは内容語ですから、それに強勢を置くとネイティブスピーカーには平叙文に聞こえてしまいますよ。いつもと違って聞こえる読み方が、強調文のトリックですから。

じゃ、これも助動詞のdoと同じく、機能語amの方に強勢を置いて、意味上は後続の補語（形容詞、名詞など）を強調するパターンなの？

そのとおりです。ただ、やはりこれも会話文ですでに話題になっていたことに対する受け答えのときに使われる強調パターンです。

2nd STEP ミニ講義

何を学ぶ？ → be動詞を使った強調文のトリック

CD 60 LISTEN

Kate： You worked a lot but you still look fine.
（結構がんばったわね。でもまだいけそうね）

Mike： I <u>am</u> tired. 〔強〕
（僕は本当に疲れているんだ！）

　上の会話の例で、Mikeの文は、会話文ですでに話題になっていたこと(疲れているかどうか)に対する受け答えの文なので、機能語 'am' に強勢を置いて、疲れていることを強調します。

3rd STEP かんたん3分エクササイズ

下線のbe動詞のうち、どれに強勢が置かれているでしょう？

❶ Mike: What does your father do?
（君のお父さんは何をやっているんだい？）
Kate: He ⒜is a vet.
（彼は、獣医よ）

❷ Mike: I remember that you used to be a fan of the rock band.
（君は、そのロック・バンドのファンだったよね）
Kate: I ⒝am still a big fan of it.
（今でも、熱烈なファンよ）

答え ⒝

会話の脈絡から、受け答えの文が、「初めて話題になっている事に関してか」、「すでに話題になっている事に関してか」で考えます。後者の場合、強調文になります。

🎧 CD 61　LISTEN CDの音声を聞いて、耳でも確認してみよう。

まとめ

日本語で「～です」にあたるbe動詞の強勢はなじみがないかもしれません。しかし、そういった日本語の感性は捨てて、英会話に臨まなければ英語は上達していきません。これからは、この点に注意して英会話を聞いてみましょう。頻繁にbe動詞に強勢が置かれていることに気がつくはずです。英語の主な強調表現のひとつです。

音感スイッチ 22 — have動詞の強勢

→ 強調すれば、たくさん語彙を覚えなくても意思が通じる！

1st STEP 聞いてみよう♪

🎧 CD 62 LISTEN

[平叙文]

① I have some problems to solve.
（強：have）
（私は解決しなければならない問題がある）

[意味上 'problems' を強調する文]

② I have problems to solve.
（強：have）
（本当に、解決しなければいけない問題があるんだ）

第6章　強勢（ストレス）

> **先生おしえて！**　ネイティブ と 日本人 どうしてこんなに違うの？

have動詞（完了形の文では助動詞）もdoやbe動詞とまったく同じ発想です。会話文でも確認しましょう。

たしかに普通の動詞play、speakなどは内容語だから、いつも強勢が置かれるのに対して、機能語のbe動詞やhave動詞は、普段は弱く発音されるね。だから、be動詞や、have動詞に強勢を置くと、読み方がいつもと違って聞こえるから、話者の意図が強く反映された強調文ということなんだね。

そう、だんだん英語の感性が身についてきましたね〜！

2nd STEP ミニ講義

何を学ぶ？ → have動詞を使った強調文のトリック

LISTEN (CD 63)

Mike：How are you going to solve all these issues?
　　　（これらのこと、どう片付けるつもりなんだい？）

　　　　　　　強
Kate：We have already solved everything. Don't worry about it.
　　　（私たちはすでにすべて処理したわ。何も心配しないで）

　上の会話の例で、Kateの文は、会話文ですでに話題になっていたこと（問題の解決）に対する受け答えの文なので、機能語'have'に強勢を置き、問題がすでに解決したことを強調しています。

3rd STEP かんたん3分エクササイズ

　下線が引いてあるhave動詞のうち、どれに強勢が置かれるか自分で判断してみましょう。

Mike：I ⓐ<u>have</u> been very busy these days.
　　　（僕は最近とても忙しかった）
Kate：Really? I didn't know that.
　　　（ほんとに？知らなかったわ）

Kate：You said you would be at home, so
　　　I called you so many times, but it was in vain.
　　　（家にいると言っていたのに、何度も電話したのにつながらなかったわ）
Mike：Really? I ⓑ<u>have</u> been at home all day.
　　　（えっ、ほんとう？一日中家にいたよ）

ボキャブラリー in vain 効果なく、むだに

答え ⓑ　会話の脈絡から、受け答えの文が、「初めて話題になっていることに関してか」、「すでに話題になっていることに関してか」で考えます。後者の場合、強調文になります。

CD64 LISTEN CDの音声を聞いて、耳でも確認してみよう。

まとめ

普通の動詞に比べて、haveを強く読まないのは、それがなくても文意が通じるからです。I have three dogs.（犬を3匹飼っている）というような簡単な文を考えても、have は通常強く発音されません。だからこそhaveに強勢が置かれるときは、それは強調文だと瞬時に理解しましょう。

音感スイッチ 23 助動詞の強勢

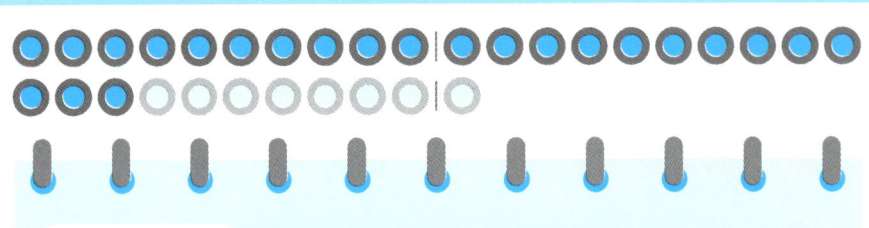

→ 助動詞は動詞の働きを助け、意思を伝わりやすくしてくれる便利機能！

1st STEP 聞いてみよう♪

🎧 CD 65 LISTEN

平叙文

① You **will** pass the exam.
（あなたは試験に通るだろう）

意味上 'pass' を強調する文

② You **will** pass the exam.
（あなたはきっと試験に通るだろう）

第6章 強勢（ストレス）

先生おしえて！ ネイティブ と 日本人 どうしてこんなに違うの？

だんだん機能語の強勢＝強調文という図式に慣れてきたぞ。たしかに映画やニュースを見ていても、willやcanなどの助動詞に強勢を置いて読んでいることは多いね。

②の例文でも、やはりすでに話題に出た事項に関して強い肯定を示すときの強勢パターンです。助動詞willの方に強勢が置かれますが、意味上は後続の動詞passを強調しています。

I **will** go to the party tonight！

NOW　　　　　　　　　TONIGHT

115

2nd STEP ミニ講義

何を学ぶ？ ➡ 助動詞を使った強調文のトリック

LISTEN (CD 66)

Mike：Your friends say that you can't cook.
　　　（友達から聞いたけど、料理できないんだって？）

Kate：What are you talking about? I <u>can</u> cook.　【強】
　　　（何をいっているの？私は料理くらいできるわよ）

　上の会話の例で、Kateの文は、会話文ですでに話題になっていたこと（料理ができるかどうか）に対する受け答えの文なので、機能語である助動詞の'can'に強勢を置いて、料理ができることを強調します。

3rd STEP かんたん3分エクササイズ

下線が引いてある助動詞のうち、どれに強勢が置かれるか自分で判断してみましょう。

❶ Mike: I haven't received the parcel you sent to me ages ago.
（ずっと前に君が送った小包、まだ届かないんだけど）

Kate: It ⒶwiII arrive sooner or later.
（じきに、きっと届くわよ）

❷ Mike: Where shall we see each other tomorrow?
（明日、どこで会う？）

Kate: I ⒷwiII be in front of the station.
（駅の前にいるわ）

答え Ⓐ

会話の脈絡から、受け答えの文が、「初めて話題になっていることに関してか」、「すでに話題になっていることに関してか」で考えます。後者の場合、強調文になります。

CD 67 LISTEN CDの音声を聞いて、耳で答えを確認してみよう。

まとめ

be動詞、have動詞、助動詞の強勢はまとめて、「すでに話題になっていることに対して、強い意見や見解を持って受け答えするときの英語の主な強調表現」と覚えておきましょう。

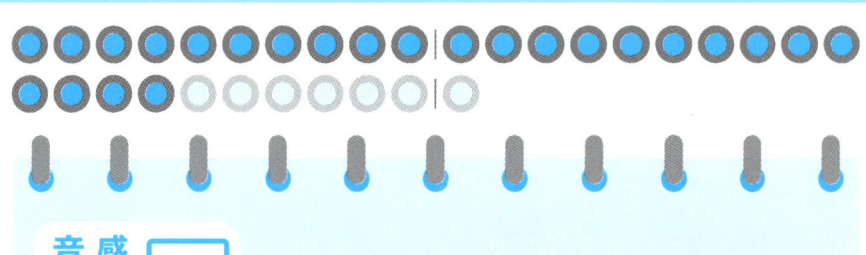

音感スイッチ 24 前置詞句の強勢

→ Are you after me?（僕に何かご用？）
meを強調するキザな前置詞！

1st STEP 聞いてみよう♪

🎧 CD 68 LISTEN

[平叙文]

① I went to the movie with Kate.　　　　　　　　　　　　　[強]
（ケイトと映画を見に行った）

[意味上 'Kate' 強調する文]

② I went to the movie with Kate.　　　　　　　　　　[強]
（他の人たちとではなく、ケイトと映画を見に行った）

第6章　強勢（ストレス）

先生おしえて！　ネイティブ と 日本人　どうしてこんなに違うの？

前置詞句って、なんだっけ？

音感スイッチ13でも出てきましたが、前置詞句とはon the tableのように前置詞＋名詞で表される語句のことです。この名詞を目的語と言います。とくに強調する語がない普通の文章なら①のように内容語Kateを強く発音する平叙文のパターンです。この場合、文末なので、ピッチですね。とくにKateを強調しているわけではありません。

でも、意味上、Kateを強調したい場合は、それに先行する前置詞withのほうに強勢が置かれるわけだね。

その通りです。

2nd STEP ミニ講義

何を学ぶ？ → 後続の名詞を強調するための前置詞の強勢

LISTEN CD 69

強

Are you after me?
（僕になんか用？）

ボキャブラリー　after＋人　誰それを探している、誰それに用事がある

　前置詞の強勢は、それまでの会話の脈絡とは関係なしに、その場その場の状況に応じて強勢を置きます。たとえば上の例文では、そこら辺をうろついていた人に対し、ひょっとして自分に用があるのかな、と思ったときなどに使われる慣用表現です。「他の人ではなく、自分に用があるの？」と強調したいため、前置詞afterに強勢を置き、me（自分）を強調しています。

第6章　強勢（ストレス）

3rd STEP　かんたん3分エクササイズ

　下線が引いてある前置詞のうち、どれに強勢が置かれるか自分で判断してみましょう。

❶ Kate:　Where is your nephew?
　　　　　（あなたの甥、どこにいるの？）
　Mike:　He is ⒶwithI his parents.
　　　　　（両親と一緒さ）

❷ Mike:　Are you ⒷwithI me?
　　　　　（ちゃんと、僕の話、聞いている？）
　Kate:　Yes, I am listening to you. Keep going.
　　　　　（聞いてるわよ。とにかくつづけて）

ボキャブラリー　be with 人　〜の話を理解している、聞いている

答え　Ⓑ

　❶ He is with his parents は普通の受け答えの平叙文です。聞かれたことにただ答えているだけです。それに対し、❷ Are you with me? はその文意からして「僕」ということをとくに強調しています。したがって強調文なので前置詞 with に強勢を置きます。

CD 70　LISTEN　CDの音声を聞いて、耳でも確認してみよう。

まとめ

前置詞の強勢は、助動詞doの文の強勢パターンと違って、それまでの会話の脈略とは関係なく、前置詞の方に強勢を置くということを押さえましょう。

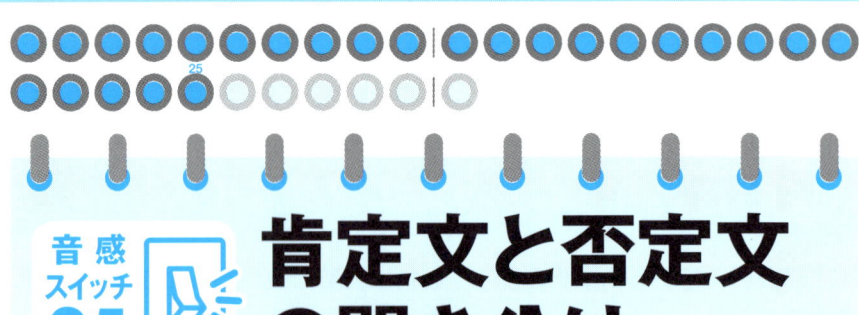

音感スイッチ 25 肯定文と否定文の聞き分け

> → canとcan'tも強調の音感が身につけば余裕でキャッチできる！

1st STEP 聞いてみよう♪

🎧 CD 71 LISTEN

肯定文
▽強
I can handle the situation.
（私はその状況を処理できる）

否定文
▽強
I can't handle the situation.
（その状況は私には手に負えない）

先生おしえて！ ネイティブ と 日本人 どうしてこんなに違うの？

肯定文と否定文を聞き分けるとき、日本人にはどちらも「アイキャン」に聞こえてしまうことがしばしばあります。

あるある、困るよね。

ネイティブスピーカーが優柔不断というわけではありません。ハッキリyesとnoを言う文化ですから。だから、実はちゃんと肯定・否定をハッキリ言い分けています。強勢が主語の後の語に置かれているかどうかに注目してください。つまり、否定は一種の強調表現なので、主語のすぐ後にくる否定を含む語（助動詞やbe動詞）に強勢が置かれます。つまり、耳に響く「キャン」なら否定文というわけです。

要するに、否定するところに強勢ってこと？たしかに日本語の発想と大違いだ。

2nd STEP ミニ講義

何を学ぶ？ ➡ 肯定文と否定文の聞き分け方

🎧 CD 72 **LISTEN**

❶ You were there.　【強】
（あなたはそこにいた）

❷ You weren't there.　【強】
（あなたはそこにいなかった）

　上のような例文では、were、weren'tのどちらも「ワン」と同じように聞こえます。聞き分け方は、強勢がそこに置かれてなければ肯定文❶、置かれていれば否定文❷となります。否定文は一種の強調表現なので、否定語に強勢が必ず置かれます。

　他にも、いろいろな否定の強勢を聞いておきましょう。

🎧 CD 72 **LISTEN**

I have never been to the U.S.　【強】
（私は、アメリカに行ったことはない）

There is nobody in the house.　【強】
（家には誰もいない）

It is not my fault.　【強】
（僕のせいじゃないよ）

第6章 強勢（ストレス）

3rd STEP かんたん３分エクササイズ

🎧 CD 73 LISTEN

CDの音声を聞いて、（　）を埋めましょう。

① I (　　) hear you.
② I (　　) hear you.
③ At that time, I (　　) in New York.
④ At that time, I (　　) in New York.

答え
① can
② can't
③ wasn't
④ was

まとめ

英語では否定文は一種の強調表現。このことも日本語とは違う考え方ですが、ほとんど例外なしに否定語には強勢が置かれます。とくに３分エクササイズの例文のように、肯定文と否定文は同じに聞こえるので、強勢が置かれているかどうかという点だけが、話者の本意をつかむ手がかりになります。

ちょっとブレイク　ザ・ビートルズ『Let it be』

　今回は、みなさんもおなじみの、イギリスのThe Beatles(ザ・ビートルズ)の『Let it be』を取り上げます。この曲のなかにあるあの名フレーズ、Let it be「そのままにしておきなさい」は、意味だけで考えるとなんの変哲もない言葉ですが、なぜ非凡なフレーズとして世界の人々の耳と心に定着したのでしょう。私はその一つの理由に、英語特有のリズム感があると思います。

　一語ずつ読む、平板な日本語的な読み方ですと、

　Let it be、つまり、レト・イト・ビー

　となります。

　それに対し、英語はリズミカルに話します。これらの語は一つにつながって聞こえます。Let itの部分はLeditとなり(本来tの音で終わる語が、母音で始まる語とつながって発音されると、dの音に変わって弱く発音される)、it beの部分はibeとなります（tとbは摩擦音と呼ばれる子音で、それらが連続すると、最初の音がなくなる）。

　よって、

　Let it be はLedibe、つまり、レディッビー

　となり、3つの語をあたかも1語のように、一息で歯切れよく発音します。書かれているのとはまったく別の単語に聞こえますが、そこには一種のリズムが生まれ、より印象的なフレーズになります。

　英会話はこのような現象の連続です。次の章では、英語の「音感」のこういったウルトラ技をすべて伝授します。

第7章

リズム

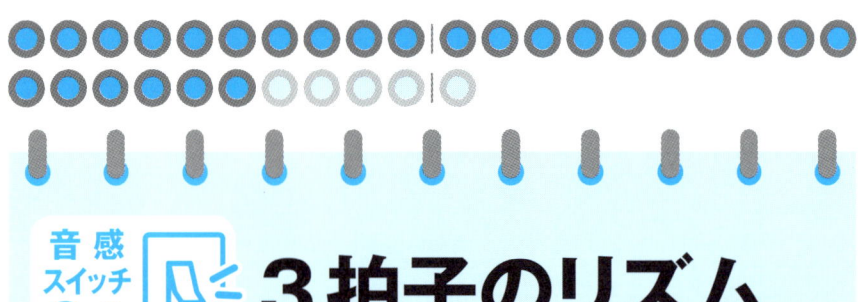

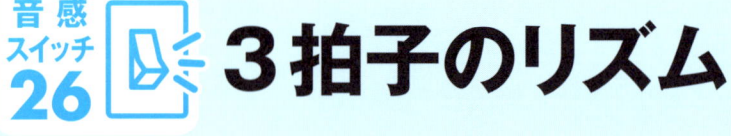

音感スイッチ 26　3拍子のリズム

→ 英語のリズムは音楽のリズムと同じ発想だ！

1st STEP 聞いてみよう♪

🎧 CD 74　LISTEN

　　強　　　　　強　　　　　　　　強
Rhythm is important to speak English.
（リズムは英語を話すとき重要だ）

第7章　リズム

先生おしえて！　　ネイティブ　と　日本人　どうしてこんなに違うの？

第4章、第5章で学んだイントネーションのピッチがメロディーを文につけるなら、第6章で学んだ強勢は文に英語特有のリズムをつける機能があります。

音楽みたいだね。

ちょうど音楽がメロディーとリズムから成るのとまったく同じです。となると、この章はピッチと強勢の応用編といった感じでしょうか。さらにいろいろなテクニックを追加することによって、3拍子のリズムを基調とした完全なネイティブスピーカー英語の領域をマスターします。

音楽は大好き！詳しく教えて。

ネイティブは大きな息づかいを利用して、文中で強く発音するところでそのつど、ドパーッと大量に息を吐き出します。自分の呼吸のリズムに無理なく話すには、1拍の長さをほぼ等しくなるように発音します。1拍とは強く発音する箇所と、次に強く発音される箇所がくるまでにかかる時間のことですね。そして文全体にすると、3拍を基調としたリズムを生みだしているのです。次のページの図解で確認しましょう。

2nd STEP ミニ講義

何を学ぶ？ ▶ リズムという観点からピッチ・強勢を一気におさらい

❶ ネイティブスピーカーは3拍子が好き

🎧 CD 75 **LISTEN**

ここが聞きとれない！！　　　ここが聞きとれない！！

I really miss the lovely **time** spent with my friends in **Australia.**

　really、time、Australiaと、話者が強く発音したいところが等間隔に話されます。
　ときに緩やかだったり、ときに速くなったり。英語はワルツのように変幻自在にスピードを変化させます。日本人はそのスピードの変化に面食らって、とくに速く話されるところが聞きとれません。これはリズムを優先する英語の特質からくるのです。

❷ I.U.ごとにピッチをつけ、強勢の強弱交互の原則に沿って強く発音するところが3か所になるように決めるのが一般的なネイティブスピーカーの読み方

強　　　　強　　　　強
Rhythm is important / to speak English.　　もう一度 🎧 CD 74

ピッチ ▶ 文にメロディーのようなイントネーション

強勢の強弱交互の原則
　　　▶ 強く発音するところを3か所（バランスのとれた間隔）
　　　▶ リズミカルに聞こえる

3rd STEP かんたん3分エクササイズ

次の文をネイティブスピーカーの3拍子で読んでみよう。

SPEAK

He likes to speak English with foreign people.
（彼は外国人と英語で話すのが好きだ）

答え

　　強　　　　　　強　　　　　　　　　強
He likes to speak English with foreign people.

　I.U.ごとにピッチをつけ、強勢の強弱交互の原則を当てはめて、全部で3か所強めに読む

LISTEN CDの音声を聞いて確認してみよう。

まとめ

文が一定の長さ以上になると、英語らしいリズム感が生まれます。「イントネーション」と「強勢」を合わせて強く読むところを3か所にして、それらが等間隔にくるように読みます。これによって、よりリズミカルに話すことができ、文の区切りや強弱がハッキリするので、聞き手に心地よい英語が話せるようになります。

音感スイッチ 27 リエゾン

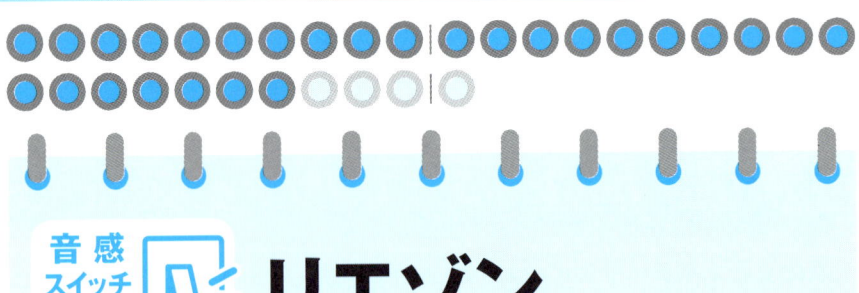

→ 2語を連結させるのにも、やはり音感上の理由がある！

1st STEP 聞いてみよう♪

カラーの語に注意して聞いてみよう。

🎧 CD 77 LISTEN

　　強　　　　　　　　　　強　　　　　　強
I used to love the song when I was a child.
（子供の頃、その歌が好きだっだ）

　強　　　　　強　　　　　　強
I can't see what you are talking about.
（あなたの言っていることがわからない）

第7章　リズム

> **先生おしえて！**　ネイティブ と 日本人 どうしてこんなに違うの？

CDの音声を聞くと、すべての語を同じスピードで読んでいないように聞こえるね。とくにカラーの語は早口になってるし。

よく気がつきました。それではネイティブスピーカーの3拍子のリズムをつくる2つの重要なルールとは何でしたか？

I.U. ごとにつけるピッチと、強勢の強弱交互の原則。

はい。それらによって強く発音するところがだいたい等間隔にきて、リズミカルに話せました。でも、そのルールだけでは、強く発音するところから次に強く発音するところにたどりつくまでの語の数がさまざまなため、それをクリアしてより等間隔に読むためには新たなテクニックが必要なのです。

どんなテクニック？

英語がリズムを優先するがゆえに生まれたテクニックです。その1つがこれから学ぶリエゾンです。

2nd STEP ミニ講義

何を学ぶ？ ⇒ リエゾンを使って文をリズミカルに話す

🎧 CD78 LISTEN

リエゾン…2つ単語をつなげて、1つの語のように早口に読むことです。子音で終わる単語と母音で始まる単語をつなげます。

we nai	we nyu	di ju	cu ju	won chu
When I	When you	Did you	Could you	Won't you

mee chu	fo ras	wan nawer	nain nawer
meet you	for us	on hour	nine hours

なお、先行語の末がtの場合、後続語の頭の母音とくっつき、dに近い音に変わります。

You got it ➡ Yougod it　　get in ➡ ged in

take it easy ➡ take id easy　　a lot of ➡ a lod of

実際の文で見てみましょう。

❶ リズム感なし(同じスピードで1語ずつ読む日本語的な読み方)

　　強 強 強 強 強 強 強
　　It took nine hours to arrive there.　　7拍
　（ここに着くのに9時間かかった）

❷ ネイティブのリズム

　　　強　　　　強　　　　強
　　It took nine hours to arrive there.　　3拍

3rd STEP かんたん3分エクササイズ

次の文をリエゾンを使って英語らしいリズムで読んでみよう。

I am surprised to find you here.
（ここで君と出くわしてびっくりした）

答え

　　　　　　強　　　　　強　　　　　強
I'm surprised to find you here.

🎧 CD79　LISTEN　CDの音声を聞いて確認してみよう。

まとめ

1語ずつ同じスピードで読む日本語を母語とする日本人にとって、スピードの変化に富んだ英語は聞き取りにくくなります。しかし、英語はリズムを優先する言語です。強く発音するところが、I.U.ごとのピッチ、強勢の強弱交互の原則で決まると、それが等間隔にくるように、語が多いところは早口に言わなければなりません。そのテクニックの1つが、2つの語をつなげて1つの語のようにして読むリエゾンです。

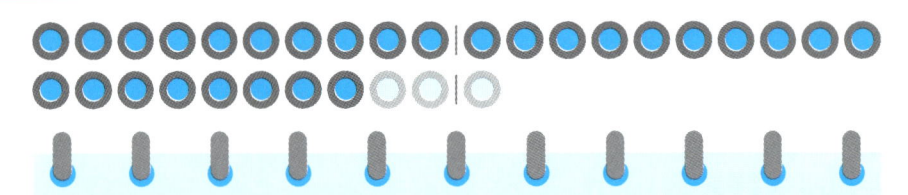

音感スイッチ 28 リダクション①

> 語尾の音が変わるのも音感があるから！

1st STEP 聞いてみよう♪

カラーの語に注意して聞いてみよう。

🎧 CD 80 LISTEN

Kate is **gonna** cook this weekend.
（ケイトは今週末、料理を作る）

I **shuda** told the truth.
（真実を言うべきだった）

第7章　リズム

先生おしえて！　　ネイティブ　と　日本人　どうしてこんなに違うの？

ゴナ（gonna）、シュダ(shuda)？何ですか、この単語。聞いたことないよ〜。

これらは中学で習った単語ですよ。ただ、文中ではあまりに早口に話されているので、全然違って聞こえるだけです。

で、何なの？この単語は。

gonnaはgoing to、shudaはshould haveです。

…💧💧

語尾がほとんど消えていますね。リエゾンに加え、リダクションと呼ばれる早口テクニックが使われているからです。リダクションもリエゾンと同じく、強く発音するところを等間隔にしてリズミカルに読むためのテクニックです。これによって、簡単な単語がぜんぜん違って聞こえるので注意が必要です。ただ自分が話すときは楽ですね。リダクションには①音がまったく変わるものと、②音の落音、の2種類があります。

2nd STEP ミニ講義

何を学ぶ？ ➡ リダクションを使って文をリズミカルに話す

　リダクション…音を省略することによって、文の一部を早口に言うテクニックです。リダクションは大別して、音がまったく変わってしまうものと、単に音がなくなってしまう（落音）ものがあります。次の例を知っていれば十分対応できます。

🎧 CD 81　**LISTEN**

● to をともなう語の音の変化

want to ➡ wanna　　　going to ➡ gonna

got to ➡ godda（～しなければならない）

● 助動詞＋have の音の変化

should have ➡ shuda　　would have ➡ wuda

could have ➡ cuda　　　might have ➡ maida

❶ リズム感なし（同じスピードで1語ずつ読む日本語的な読み方）

　　　強　強　強　強　強　　強　強
　　She might have already watched the movie.　　7拍
　　（彼女はすでにその映画を見たかもしれない）

❷ ネイティブのリズム

　　　強　　　　強　　　　強
　　She maida already watched the movie.　　3拍
　　ポイント might have ⇒ maida

3rd STEP かんたん3分エクササイズ

次の文をリダクションを使って、英語らしいリズムで読んでみよう。

I want to go for a walk.
（私は散歩をしたい）
ボキャブラリー go for a walk 散歩する

答え

　　強　　　強　　　　強
I wanna go for a walk.

CD 82 LISTEN CDの音声を聞いて確認してみよう。

まとめ

リズムを優先する英語は、強く発音するところが等間隔にくるように読みます。1つの間隔に語が多いと、その部分を早口で読まなければならないため、リエゾン・リダクションがそれを可能にします。リダクションのパターンをあらかじめ知っておけば、どんなに早口になっても聞き逃さなくなり、リスニング力がグンと伸びます。

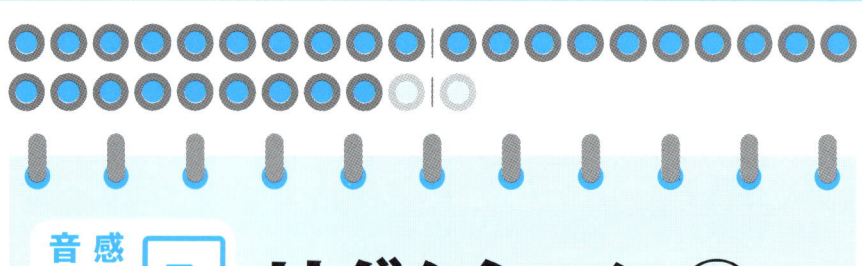

音感スイッチ 29 リダクション②

→ リダクション（落音）を使うからリズミカルに読める！

1st STEP 聞いてみよう♪

カラーの語に注意して聞いてみよう。

CD 83 LISTEN

Lasnight, I forgot to say **goonight** to him.
（昨日、彼におやすみと言うのを忘れていたわ）

English is an **inernational** language spoken worldwide.
（英語は世界で話されている国際語です）

第7章　リズム

先生おしえて！　ネイティブ と 日本人 どうしてこんなに違うの？

ラスナイト（lasnight）、グッナイト（goonight）、イナーナショナル（inernational）と聞こえたような、なんかなじみのある単語のような…でも会話で話されるとやっぱりわからなくなるよ〜！

これらも、やはり簡単な単語ばかりです。lasnight は last night、goonight は good night、inernational は international です。

だから英語は聞き取れたり、聞き取れなかったりするんだ。あまりにも速く話されるところは、こっちが知っている単語でも違って聞こえるもの。

はい。今回もリダクションの学習ですが、前回と違うのは、慣用的にある音を弱く発音するうちに、その音がなくなっていったというリダクションです。ある程度、原形をとどめているためまったく違ったようには聞こえませんが、文脈のある会話で話されると、やはり聞き逃しがちです。これもリズムをつくるために文の一部を速く読むというテクニック。あらかじめ知っていれば、簡単にリスニング力を伸ばせますので、しっかり取り組みましょう。

2nd STEP ミニ講義

何を学ぶ？ ➡ リダクション（落音）のルール

CD 84 LISTEN

● 破裂音の連続による音の落音

子音の中でも、破裂音と呼ばれる[d] [k] [p] [t] [b] [g]が連続する場合、最初の子音字が落音します。

must be ➡ musbe   sit down ➡ sidown

don't get ➡ donget   good job ➡ goojob

> ハミングの音の[m][n]の前にくる破裂音も落音します→冒頭の例：lasnight、goonight

● nt／ct系の単語の落音

internet ➡ inernet   interview ➡ inerview

twenty ➡ tweny   product ➡ produtt

● 代名詞目的格の落音

him ➡ 'im   her ➡ 'er   them ➡ 'em   you ➡ ya

❶ リズム感なし（同じスピードで1語ずつ読む日本語的な読み方）

強強　強　強　強強　　　強　強強
I told you about the interview for the job.　9拍
（その仕事の面接のことは君に言ったよ）

❷ ネイティブスピーカースピーカーのリズム

　　強　　　　　　　強　　　　　　強
I told'ya about the inerview for the job.　3拍

第7章　リズム

3rd STEP　かんたん3分エクササイズ

次の文をリダクションを使って、英語らしいリズムで読んでみよう。

It's possible to find them on the Internet.
（それは、インターネットで見つかるよ）

答え

　　　　　強　　　　　　　強　　　　　　　　　強
It's possible to find'em on the Inernet.

LISTEN (CD 85)　CDの音声を聞いて確認してみよう。

まとめ

リダクション（落音）も、日常会話のレベルのスピードでは、ごく頻繁に使われる早口にしゃべるテクニックです。語というものは、いつもとちょっとでも発音が違うと、聞き逃してしまうものです。今日学習した、破裂音の連続による落音、nt、ctを含む語のt、cの落音、そして代名詞目的格の語頭の省略のルールだけで、十分日常会話に対応できます。

音感スイッチ30 超絶技巧

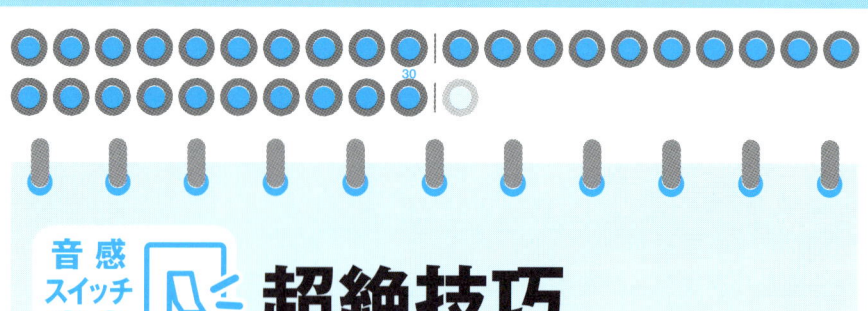

→ 子音の連続によって音節の数を減らすテクニック

1st STEP 聞いてみよう♪

LISTEN (CD 86)

　　　強　　　　　　強　　　　　　　　　　強
The roses were newly planted in my garden.
（その花は新しく私の庭に植えられた）

先生おしえて！　ネイティブ と 日本人 どうしてこんなに違うの？

この英文はリエゾンもリダクションのルールも使えそうにないね。だから、強く発音するところを等間隔にすることはできないはずだけど…CDの音声は不思議にリズミカルに聞こえる。

第3章で、アクセントのつく母音以外の母音はすべてあいまい母音[ə]で弱く発音しましたね。ネイティブの日常会話など速いスピードの中では母音はほとんど発音されず、子音の連続のようにして話しました。

それと、リズムをつくることとどういう関係があるの？

実はこれもリズムをつくるためのリダクション（落音）の一種なのです。ここでは、すべてのあいまい母音[ə]が落音します。すると子音の連続になりますね。その結果、長いところを速く読むことが可能になるのです。

なるほど。リエゾンやリダクション以外にも長いところを速く読むテクニックがあるのか！

これを「音節統合テク」と呼びましょう。次のページで具体例とともに説明します。

2nd STEP ミニ講義

何を学ぶ？ ➡ 速く話せる究極のスピーキング・テクニック

　　　強　　　　　強　　　　　　　　　強
The roses were newly planted in my garden.
（その花は新しく私の庭に植えられた）

　日本人の目から見ると、1拍の長さ（強 から 強 までの長さ）は等間隔ではないように見えます。しかし、ネイティブスピーカーはこれを等間隔で発音します。それではこの文をすべて発音記号で示し、正確な音節の数を確認してみましょう。

　　　強　　　　　強　　　　　　　　　強
The roses were newly planted in my garden.

　　　　　　⬇ 発音記号にすると

ðə　róuziz　wɚ　njúːli　plǽntəd　ɪn　maɪ　gɑ́ɚdn.

　全部で11音節ですね。次にアクセントのつく母音以外の母音（カラー部）を削り、子音の連続にしましょう。そして複数の音節をどんどん統合していくと…

　　　　⬇ アクセントのつく母音以外の母音を削ると

ðróuzzw　njúːlplntd　nmgɑ́ɚdn.

　11個もあった音節がたったの3つになりました。そして、強 を元に戻すと次の通りです。

　　　強　　　　　強　　　　　強
ðróuzzw　njúːlplntd　nmgɑ́ɚdn.

　等間隔のリズムで読むことが可能になったことがわかりますね。あたかも3語で読まれているように聞こえます。

第7章　リズム

3rd STEP　かんたん3分エクササイズ

次の文を音節統合テクを使って、英語らしいリズムで読んでみよう。

SPEAK

　　　　　　　　　　　　　強　　　　強　　強
She went to the nearest park this morning.
（ケイトは、今朝、最寄りの公園に行った）

答え

原文をすべて発音記号で表すと…

ʃi:　wént　tə　ðə　nɪrəst　pá:rk　ðís　mɔ́:rnɪŋ.

⬇ アクセントのつく母音以外の母音を削ると

　強　　　　　強　　　　強
ʃwént　ðnrstpá:rk　ðsmɔ́:rnŋ.

強く発音するところが等間隔にくるように読みます。

CD 87 LISTEN　CDの音声を聞いて確認してみよう。

まとめ

リエゾン、リダクション、そして音節統合テク。いずれも文中で長いところを速く読み、強く読むところを等間隔にするテクニックです。不思議なことに、音節統合テクによってアクセントのつく母音以外の母音をすべて省略するだけで、強く発音するべきところが必ず等間隔になります。まさに英語のマジックです。こうして3拍子を基調とした英語のリズムがつくられ、聞き手にとってはあたかも英単語3語で読まれているように聞こえる心地よさが生まれます。

音感スイッチ 31　短文・長文ともに3拍子

→ 文が短くても長くても3拍子のリズムが基本

1st STEP 聞いてみよう♪

CD 88 LISTEN

Mike is climbing the hill.
（マイクは丘を登っている）

Mike is about to climb one of the highest hills.
（マイクは最も高い丘のひとつを登るところだ）

ボキャブラリー　be about to〜　〜するところだ

第7章　リズム

> **先生おしえて！** 　ネイティブ と 日本人 どうしてこんなに違うの？

あれ〜？文が一定の長さ以上になると、3拍子のリズムで読むのはわかったけど、こんなに長さの違う2つの文でも、同じように3拍子で聞こえる！

はい。文の短い、長いに関係なしにネイティブスピーカーは3拍子で読むのです。

へえ〜。文の長さは関係ないんだね。3拍子が一番話しやすいってことか。

そうです。同時に聞き手にとっても聞きやすいのです。ネイティブスピーカーは常にホップ・ステップ・ジャンプと、ノリのよいアクセントをつけて話します。

本当に3拍子のリズムが好きなんだね。音楽みたいだ。

2nd STEP ミニ講義

何を学ぶ？ ➡ どんな長さでも3拍子でリズミカルに話せる

❶ 短い文

　　強　　　　強　　　　　　強
Mike is climbing the hill.
　　⬇ **すべてを発音記号に**
m á ɪk　ɪz　kl á ɪmɪŋ　ðə　híl．
　　　⬇ **アクセントのつく母音以外の母音（カラー部）をカットし、**
　　　　 子音の連続にして複数の音節を統合し、強 を元に戻す

　強　　　　強　　　　強
m á ɪkz　kl á ɪmŋ　ðhíl．　**3拍子リズムの完成**

❷ 長い文

　　強　　　　　　　　強　　　　　　　　　　　強
Mike is about to climb one of the highest hills.
　　⬇ **すべてを発音記号に**
m á ɪk　ɪz　əbaʊt　tə　kl á ɪm　wʌn　əv　ðə h á ɪəst　hílz．
　　　⬇ **アクセントのつく母音以外の母音（カラー部）をカットし、**
　　　　 子音の連続にして複数の音節を統合し、強 を元に戻す

　　強　　　　　強　　　　　　強
m á ɪkzbt　kl á ɪm　wnvðhsth í lz．　**3拍子リズムの完成**

第7章　リズム

3rd STEP　かんたん3分エクササイズ

次の文はやや長めの文章です。3拍子のリズムで等間隔に読むにはどうしたらよいでしょうか？

　　強　　　　　　　　　　　　強　　　　　　　強
Mike's been having some fun staying in Japan.
(マイクは日本滞在をとても楽しんでいるよ)

答え

mɑ́ık'z bın hǽvıŋ səm fʌ́n steıŋ ın dʒəpǽn

⬇

　強　　　　　　　　　　強　　　　　　強
mɑ́ık'zbnhvŋ　smfʌ́n　stıŋdʒpǽn.

🎧CD89　LISTEN　CDの音声を聞いて確認してみよう。

まとめ

リズムの基礎として、I.U.ごとのピッチ、強勢の強弱交互の原則によって、強く発音するところがバランスよくくるように読むということでした。次に応用として、リエゾン、リダクション、音節統合のテクニックを学び、強く発音するところが等間隔にくる3拍子のリズムをマスターしました。「実際話されている英語」を発音記号でよりビジュアルにすることによって、日本語のように1語ずつ区切って発音されず、語数に関係なしに1拍の長さがほぼ等しくなるリズムで読まれることが浮き彫りになりました。これは実に英語が音楽的な言葉であることを象徴しています。語彙や文法と同じくらい大切な「英会話の音感」は、一度身につければ忘れません。

ちょっとブレイク ごちゃごちゃが美しい？

　フランス生まれのYael Naim（ヤエル・ナイム）さんが歌う『Far Fer』という英語の曲は、とてもゆったりとしたメロディーで癒されます。日本でも2012年1月〜3月にフジテレビ系列のドラマの挿入歌として使われ、話題になったといいます。

　この曲の歌詞のサビにあたるところに、beautiful messというフレーズがでてきます。messという単語は普通は「散らかっている」とか「ごちゃごちゃ」という意味にあたりますが、それがbeautiful「美しい」という形容詞とかけ合わさっています。ここで意味的に混乱されるリスナーが多いそうです。

　この単語がでてくる歌詞をクローズアップすると、
①How can you stay outside?
②There's a beautiful mess inside.
直訳は、
①どうして外にいられるの？
②中には美しいごちゃごちゃがあるから。
といった感じになります。

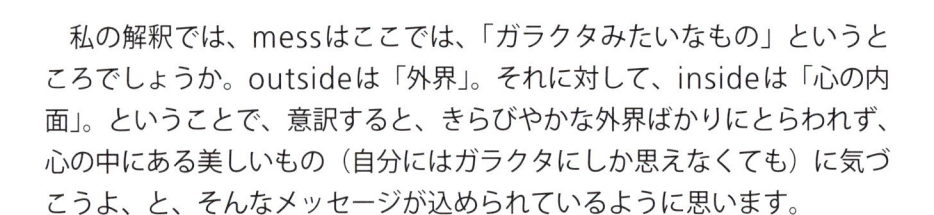

　私の解釈では、messはここでは、「ガラクタみたいなもの」というところでしょうか。outsideは「外界」。それに対して、insideは「心の内面」。ということで、意訳すると、きらびやかな外界ばかりにとらわれず、心の中にある美しいもの（自分にはガラクタにしか思えなくても）に気づこうよ、と、そんなメッセージが込められているように思います。

　これでmessという単語が皆さんの頭に定着したのではないでしょうか。音楽は語彙を広げるのに、とっても役に立ちます。

第8章

総合トレーニング
やさしい 日常会話の英文で
リズムよく話せるように練習しよう

音感はやさしい表現で十分に身につきます。ストレスなく続けることが上達への近道。このトレーニングに取り組むことで、第1章から第7章で身につけた技術を同時に復習することが可能です。

❶ お礼を言う

Thank you for ～.
（～してくれて、ありがとう）

解説 forの後にお礼の内容を名詞、あるいは動詞の～ing形で言います。

thank you→than kyuと発音　　for→ferと発音　　letter→ledderと発音

Thank you for your letter.（手紙をくれて、ありがとう）

Thank you for replying to my e-mail.
（メールを返信してくれて、ありがとう）

❷ 願望を言う

I'd like to ～.
（～したい、～ほしい）

解説 wantでもOKですが、would like toの方がより丁寧な言い方です。最後にpleaseをつけると、さらに印象がよくなります。

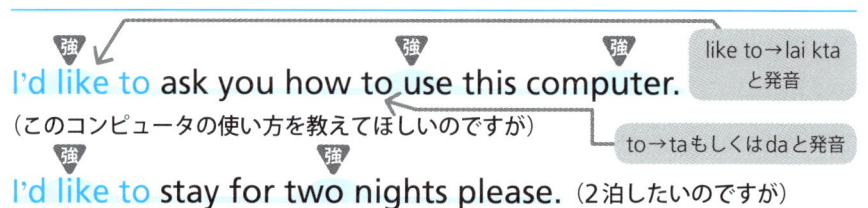

like to→lai ktaと発音

I'd like to ask you how to use this computer.
（このコンピュータの使い方を教えてほしいのですが）

to→taもしくはdaと発音

I'd like to stay for two nights please.（2泊したいのですが）

❸ かなわないことを望む

I wish ～ .
（～だったらいいのになぁ）

解説 wishは現実はそうではないけど、そうであってほしいときの強い願望を言いたいときに使います。

動詞は過去形を使います

I wish I had more money. （もっとお金をもっていればなぁ）
I wish I could swim a lot better. （僕ももっと上手に泳げたらなぁ）

---

❹ 許可を求める

May I ～ ?
（～いいですか？）

解説 Can I ～ ? でもOKですが、Mayの方が丁寧です。

May I have your name? （お名前をうかがってもいいですか？）
May I park in your hotel basement?
（ホテルの地下に駐車してもいいですか？）

in your→i nyor と発音

- tが2つ重なるとdの音に変わります
- 弱く発音される前置詞は次のように聞こえます
  to→taもしくはda
  for→fer

❺ 何かを頼む

Will you ～?
（～してくれますか？）

解説 Can you ～?でもOK。さらに丁寧に言いたいときはWould [Could] you ～?を使います。

Will you **answer** the phone?（電話に出てくれる？）
Will you **open** the window?（窓を開けてくれる？）

---

❻ やんわり断る

I'm sorry, but ～.
（申し訳ないけど、～）

解説 相手に対してやわらかく断るときによく使います。

I'm **sorry**, but I have no **time**.（すみませんが、時間がないんです）
I'm **sorry**, but I have **to** go now.　have to → haftaと発音
（すみませんが、もう行かなければならないんです）

❼ 勧める

Would you like 〜 ?
（〜はいかがですか？）

解説　レストランやホテルでよく耳にするフレーズです。

would you→wu juと発音

Would you like some coffee?（お飲み物はいかがですか？）
強
What would you like?（何がよろしいですか？）

疑問詞で始まる疑問文
は文末を弱く発音。
like→laiに聞こえる

❽ 相手のしたいことを尋ねる

Would you like to 〜 ?
（〜されますか？）

解説　丁寧に相手のしたい事を聞くときの決まったフレーズです。

would you like to→wu ju lai ktaと発音

Would you like to leave a message?（伝言を残されますか？）
強
Would you like to have dinner with me tonight?
（今夜、夕食をご一緒しませんか？）

❾ 過去にしていたこと

I used to ~.
（前は～していた）

解説 過去の習慣や継続的にしていたことを言うときに使います。

used to→yoo staと発音

I used to live in Manchester. （前はマンチェスターに住んでいました）

I used to smoke at least 10 cigarettes a day.
（以前は1日に少なくとも10本はタバコを吸っていました）

---

❿ 相手に許可を求める（やや一方的に）

Let me ~.
（～させて）

解説 私に～させて、という意味の日常的に使われるフレーズです。

let me→lemmeと発音

Let me introduce myself. （自己紹介させて）

Let me help. （手をかすよ）

第8章　総合トレーニング

⑪ 提案・助言

Why don't you ~ ?
（〜しない？）

解説　相手に何かを提案するときの決まったフレーズです。

don't you→donchuと発音

強
Why don't you come to my house?（うちに来れば？）
強
Why don't you take a break?（ひと休みしない/したら？）

疑問詞で始まる疑問文は
文末を弱く発音
break→breiに聞こえる

⑫ 提案する

Why don't we ~ ?
（一緒に〜しない？）

解説　家族や同僚など気の置けない仲間に対してよく使います。

強　　　　　　**強**　　　　　　　　　　　**強**
Why don't we take a picture in front of that river?
（あの川の前で写真を撮らない？）
強
Why don't we go to the movies?（映画を見ない？）

疑問詞で始まる疑問文は
文末を弱く発音する

⑬ 希望を言う

I hope ～.
（～だといいね）

解説 自分の願望はもちろん、「～だといいよね」と相手を気遣うときにもよく使います。

> 否定を含む語には必ず強勢を置く

I **hope** it **won't** **rain** tomorrow.（明日が雨じゃなければいいけど）
I **hope** you will **get** **well** soon.（早く良くなるといいね）

---

⑭ カジュアルに許可を求める

Is it OK if ～?
（～してもいい？）

解説 カジュアルに相手の許可を求めるときのフレーズです。

Is it **OK** if I go to your **home** with my dog?
（あなたの家に犬を連れ行っていい？）
Is it **OK** if I use your dictionary?（あなたの辞書使っていい？）

❶⑤ 予定を言う

I'm supposed to ～.
（～することになっている）

> **解説**　予定を表すにはwillや be going toと習いましたが、この supposed to ～もたいへんよく使います。

I'm supposed to have dinner with my mother on Saturday.
（土曜日の夜は母と夕食をすることになっている）

I'm supposed to go shopping this afternoon.
（午後、買い物の出かける予定なんだ）

---

❶⑥ 予定が実現しない

was / were supposed to ～.
（～するはずでした）

> **解説**　失意をこめて、予定通りにいかなかったときに使うフレーズです。

You were supposed to call me.
（僕に連絡するハズだったじゃないか）

He was supposed to come here at noon.
（彼は正午にここへ来るはずでした）

LISTEN & SPEAK ⑰〜⑳

⑰ 確認する

Do you mean 〜 ?

（つまり〜ということ？）

> **解説** 相手の言ったことに対して、自分の理解が正しいか確認するときに使います。

Do you mean you are going back to London?
（つまり、ロンドンに帰るってこと？）

Do you mean you always cook by yourself?
（つまり、いつも自分で料理するってこと？）

---

⑱ 未来を仮定する

If 〜 , you will….

（〜なら、…だろう）

> **解説** 比較的実現しそうなことをいうときは現在形を、実現の可能性が低いとき（または、全くあり得ないとき）は過去形を使います。後者の場合、if節の主語が単数形でも、動詞は複数形になります。

If you leave right now, you will be in time for the train.
（今すぐ出発すれば、電車に間に合うよ）

If I were rich, I would buy a big house with a garden and pool.
（僕が金持ちだったら、庭とプール付きの大きな家を買うね）

⑲ 後悔の気持ちを表す

I / You should have 〜 (動詞の過去形)
(もしだったら…だったろうに)

解説 〜するべきだったと（実際はそうしなかった）、後悔するときに使う決まり文句です。

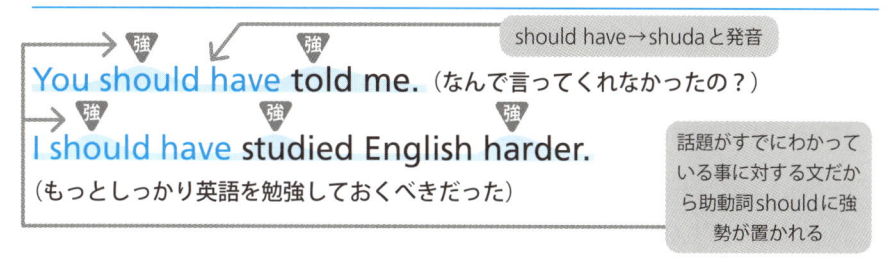

You **should** have **told** me. (なんで言ってくれなかったの？)

I **should** have **studied** English **harder**.
(もっとしっかり英語を勉強しておくべきだった)

> should have→shudaと発音

> 話題がすでにわかっている事に対する文だから助動詞shouldに強勢が置かれる

---

⑳ やわらかく助言する

You might want to 〜.
(〜したほうがいいですよ)

解説 相手に何かをすることをやんわりと助言するときによく使います。

You might **want** to **ask** at the information desk.
(インフォーメーションのデスクで聞いた方がいいですよ)

You might **want** to go to see a **doctor**.
(医者に診てもらった方がいいですよ)

> want to→wannaと発音

> infomation desk →複合語

LISTEN & SPEAK ㉑〜㉔

㉑ 相手を気遣って尋ねる

Do you mind if 〜?
（〜してもいいですか？）

解説　「〜しても構いませんか」と相手のmind（心）に聞きますので、「いいですよ」と答える場合はNo.で返答します。

Do you mind if I **ask** you a question? ↗（質問してもいいですか？）
—No, I don't.（いいですよ）

Do you mind if I **open** the window? ↗（窓を開けてもいいですか？）
—No, I don't.（いいですよ）

㉒ 丁寧に尋ねる

I was wondering if 〜.
（〜してもよろしいでしょうか）

解説　I wonder ifでもOKですが、主文でwas、If節の助動詞も過去形で統一します。過去形にすることによって、より丁寧な表現にするテクニックです。意味としては現在のことを言うので注意。

I was wondering if I **could** **ask** you a few **questions**.
（質問してもよろしいでしょうか？）

I was wondering if I **could** **borrow** your **pen**.
（あなたのペンをお借りしてもよろしいでしょうか？）

㉓ 理由を聞く

What makes you 〜 ?
（どうして〜なの？）

> **解説** why と同じく、どうして？と、理由を聞くときによく使われるフレーズです。

【強】
What makes you think so?（どうしてそう思うの？）　疑問詞で始まる疑問文は文末を弱く発音
【強】
What makes you irritated?（どうしてイライラしているの？）

㉔ 断言する

You must 〜 .

> **解説** 〜に違いない、と、自分の推測にほぼ確信をもてるときに使います。

　　　　　【強】　　　　　　　　　　　　　【強】
You must be busy preparing the presentation.
（君はプレゼンの準備で忙しいはずだ）
　　　　　【強】　　　　　　　　【強】　　　　【強】
She must be Korean because her surname is Kim.
（名字がキムだから彼女は韓国人に違いない）

㉕ 禁止する

You mustn't ～.

（～してはいけません）

解説 決して～してはいけないと、強く禁止するときに使います。

> 否定を含む語には必ず強勢を置く

Ken, you mustn't leave the window open.
（ケン、窓を開けっ放しにしてはダメ）

You mustn't drive if you drink.
（お酒を飲んだら運転してはいけません）

㉖ 忠告する

You'd better ～.

（～すべきだ）

解説 must（～しなければならない）のように強要するのではなく、やんわりと助言するときに使います。

> when you→we nyuと発音

You'd better go to see a doctor when you are free.
（暇があったら医者に診てもらうべきだよ）

We'd better go home because it's going to rain soon.
（すぐ雨が降るだろうから、家に帰った方がよさそうだ）

> gonnaと発音

㉗ 必要がある

I've got to ～ .
（～しなければいけない）

解説 会話体の英語表現の定番です。～しなければならない、という意味です。

got to→godda と発音

I've got to check my e-mail.
（Eメールを確認しなければいけません）

I've got to get there by 7.
（7時までにそこに行かなければなりません）

㉘ 過去の事を聞く

Have you ～ ?
（～しましたか？）

解説 過去のことを聞くとき、完了形で質問する場合もよくあります。

Have you already had lunch? （もうランチは済んだの？）

Have you heard from Mr.Parker? （パーカーさんから連絡あった？）

167

㉙ 代名詞を使って言う

It's…to ～.
（～することは…です）

解説　It'sの後に感情などを表す形容詞をもってくることが多いです。主語をつける場合は、形容詞＋for＋主語の形です。

It's **good** to **hear** from you.（連絡をくれてうれしいよ）

It's **not easy** for **Japanese people** to **express** their **feelings**.
（（シャイな）日本人は自分の感情を表現するのが苦手です）

㉚ 否定疑問文

Isn't it / Aren't you ～?
（～じゃないですか？）

解説　相手に何かを確認するときに使います。

I'snt it→Izni、Aren't you →Aren chu とそれぞれ発音

Aren't you going to the party tonight?
（今夜のパーティーには行かないの？）

Aren't you Mr. Craig?（（ひょっとして）クレイグさんじゃないですか？）

㉛ 習慣的行為

I'm trying to 〜.
（〜しようとしています）

解説 何かを達成しようと日常、努力しているときに使われます。

I'm trying to **wake up** before **6 o'clock** every **morning**.
（私は毎朝6時前には起きるようにしています）

trying to → tryinta と発音

I'm trying to **quit** smoking. （禁煙しようとしています）

㉜ 車で送り迎え

give 〜 a lift.
（〜を車に乗せる）

解説 会話体の英語表現の定番です。本来、持ち上げる、という意味のliftがgive 〜 a liftの形をとれば「〜を車に乗せる」という意味に変わります。

I'll **give** you **a lift** to the **station**. （車で駅まで送ってあげるよ）

Could you give me a lift? （車に乗せてもらいませんか？）

could you → cu ju と発音

LISTEN & SPEAK ㉝〜㊱

㉝ 即答せず待ってもらう

I'll let you know ～.
（～にお知らせします）

解説 待ってもらわなければならないときに使うフレーズです。

I'll let you know when she's ready.
（彼女が用意できたら、あなたに知らせます）

let you→le chu と発音

I'll let you know when I receive your parcel.
（あなたの小包が届いたら、お知らせします）

when I→we nai と発音

㉞ 苦情を言う

I have a problem with ～.
（～に問題があるのですが）

解説 苦情を訴えるときに日常的に使われるフレーズです。

I have a problem with the computer I bought from your shop. （そちらの店で買ったコンピュータに問題があるのですが）

I have a problem with my Internet connection.
（インターネットに接続できないんですが）

㉟ 命令する

Please be 〜.
（〜しなさい）

> **解説** 立場がこちらの方が上か、友人同士の場合、相手に命令するときに使います。

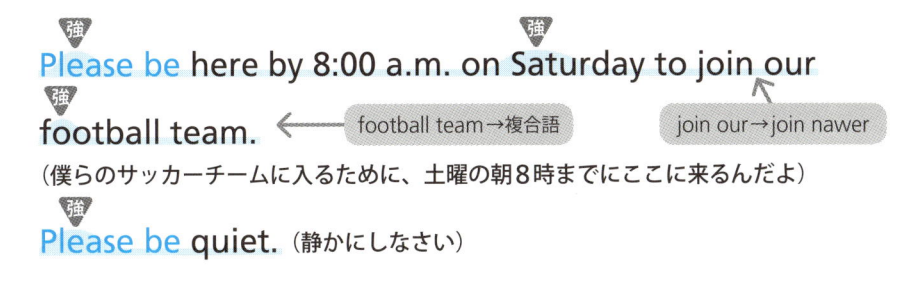

Please be here by 8:00 a.m. on Saturday to join our football team. ← football team→複合語　　join our→join nawer
（僕らのサッカーチームに入るために、土曜の朝8時までにここに来るんだよ）

Please be quiet.（静かにしなさい）

㊱ 営業時間を聞く

How late is 〜 open?
（〜は何時まで開いていますか？）

> **解説** 店の営業時間を聞くとき、決まって使われるフレーズです。

How late is the restaurant open?
（そのレストランは何時まで開いているの？）　　疑問詞で始まる疑問文は文末を弱く発音

How late is the museum open?
（その美術館はいつまで開いてますか？）

㊲ 差し迫った行為

I've got to 〜.
（〜しなければいけません）

> **解説** I have to 〜 . と同じ意味を表しますが、英語圏では I've got to 〜 . を好んで使う人が多いです。

got to→godda と発音

I've got to **leave** now or I'll be **late**.
（今、行かないと遅れてしまいます）

I've got to **make** it on **time**.
（時間に間に合わせないと）

㊳ 期待する

I'm looking forward to 〜.
（〜を楽しみにしています）

> **解説** 別れ際の挨拶によく使われるフレーズで、次の機会を楽しみにしていますと言って、気持ちよく別れます（会話を終わらせます）。to の後は動詞の〜ing形で言います。

looking→lookin と発音

I'm **looking** forward to **seeing** you **soon**.
（近々会えるのを楽しみにしています）

I'm **looking** forward to **hearing** from you.
（連絡をお待ちしています）

❸⓽ 理由を聞く（くだけた感じで）

How come ～?
（どうして～なのですか？）

> **解説** Whyよりも少しくだけた表現で、会話（話し言葉）ではよく使われます。

How come he didn't come to work yesterday?
（彼はどうして昨日仕事を休んだの？）

（否定を含む語には必ず強勢を置く）
（疑問詞で始まる疑問文は文末を弱く発音）

How come you don't eat?（どうして食べないの？）

---

❹⓪ 強く確認する

Make sure that ～.
（必ず～してください）

> **解説** 念を押して何かを頼むときに使われる会話体の英語表現の定番です。

（when you→we nyuと発音）

Make sure that you call me when you get to the airport.
（空港に着いたら、必ず電話してください）

Make sure that you say hello to your family.
（あなたのご家族にくれぐれもよろしく）

●著者紹介

松本　真一　Matsumoto Shinichi

1975年生まれ。10歳から父親の勤務に伴って海外で暮らす。暮らし始めてからしばらくは言語の壁に苦しむが、「音感」のしくみを自ら体感してからは、少ない語彙でも英語が通じるようになり、数カ月で海外暮らしに馴染む。英国オックスフォード大学で考古学・言語文化人類学を学び、イギリスやイタリアでの古代遺跡発掘調査に参加。真っ黒に日焼けしながら土を堀った後、再びオックスフォードの大学院に戻り修士号を取得。現在はアンティーク品の貿易をするかたわら、通訳としてイタリアに在住。日本の産業新聞に時事英語のコラム「松本真一の海外よもやま talk」を連載中。

JASRAC 出 1212161-201

"FER FER"
Words & Music by Yael Naim
Arranged by David Donatien
©LILI LOUISE MUSIQUE
The rights for Japan assigned to FUJIPACIFIC MUSIC INC.

カバーデザイン	滝デザイン事務所
カバーイラスト	みうらもも
本文デザイン／DTP	朝日メディアインターナショナル株式会社
イラスト	田中斉
CD録音・編集	財団法人 英語教育協議会 (ELEC)
CD制作	高速録音株式会社

ゼロからスタート　英会話の音感スイッチ ON ♪

平成24年（2012年）11月10日　初版第1刷発行

著　者	松本真一
発行人	福田富与
発行所	有限会社Jリサーチ出版
	〒166-0002　東京都杉並区高円寺北2-29-14-705
	電　話 03(6808)8801(代)　FAX 03(5364)5310
	編集部 03(6808)8806
	http://www.jresearch.co.jp
印刷所	株式会社シナノパブリッシングプレス

ISBN978-4-86392-119-1　禁無断転載。なお、乱丁・落丁はお取り替えいたします。
© Shinichi Matsumoto 2012 All rights reserved.　　　　Printed in Japan

ゼロからスタート英語シリーズ

ゼロからスタートシリーズは75万部を超える人気シリーズです。
語学の入門書として、わかりやすい解説・大きな活字・ネイティブによるCD音声など、
すぐに使えるように工夫されたテキストです。

●だれにでもわかる鬼コーチの英語講義
ゼロからスタート英文法 CD付

25万部突破！大人気英文法書

安河内 哲也 著　A5判／定価本体 1400円

基礎単語集の決定版
●だれにでも覚えられるゼッタイ基礎ボキャブラリー
ゼロからスタート英単語 BASIC 1400 (CD2枚付)

1冊で実用英語の基本語を全てカバー。例文は日常会話でそのまま使えるものばかり。CDは見出し語を英語で、意味を日本語で、例文を英語で収録。

成重 寿・妻鳥 千鶴子 共著　A5変型／定価本体 1400円

10万部突破の大人気英会話書
●だれにでも話せる基本フレーズ50とミニ英会話45
ゼロからスタート英会話 (CD付)

英会話を基礎から学習するための入門書。50の基本フレーズと45のシーン別ミニ英会話を収録。CDには講義と例文、実際に話す練習ができるロールプレイつき。聞くだけでも英会話学習ができる内容。

妻鳥 千鶴子 著　A5判／定価本体 1400円

大事な音から順番に身につける
ゼロからスタート英語発音[猛]特訓 (CD2枚付)

英語の大事な音から順に、14日間で効率よく学習できるプログラムで構成。日本人によくわかる方法で徹底的に解説。CD2枚には音声練習を収録。

関口 敏行 著　A5判／定価本体 1400円

だれにでもできる英語の耳づくりトレーニング
ゼロからスタートリスニング (CD2枚付)

英語リスニング入門者のために書かれた、カリスマ講師によるトレーニングブック。英語が「聞き取れない耳」を「聞き取れる耳」へ改造してしまう1冊。CDには日本語で講義を、英語で例文・エクササイズを収録。

安河内 哲也 著　A5判／定価本体 1400円

だれにでもわかる英作文の基本テクニック
ゼロからスタートライティング (CD付)

日本語を英文に書くためのプロセスを親切に解説。スタイル編とテクニック編の2部構成。CDには日本語講義と英語例文を収録。

魚水 憲 著　A5判／定価本体 1400円

毎日10分の書き取り練習がリスニング力を驚異的に向上させる
ゼロからスタートディクテーション (CD付)

リスニング力を向上させるには量より質。自分の理解できる英語を1日10分、集中して書き取る練習がリスニング力を驚異的に飛躍させる。

宮野 智靖 著　A5判／定価本体 1400円

だれにでもわかる6つの速読テクニック
ゼロからスタートリーディング (CD付)

学校では教えてくれない速読テクニックを初めての学習者のために親切に解説。CDは聞くだけでリーディングの学習ができる。

成重 寿 著　A5判／定価本体 1400円

だれにでもできるとっておきの「英語の耳＆口」トレーニング
ゼロからスタートシャドーイング (CD付)

話す力とリスニング力を同時に伸ばす究極のトレーニング。やさしい単語シャドーイングから最後はニュース英語までレベルアップできる構成。日常語、基本構文、会話表現も身につく。

宮野 智靖 著　A5判／定価本体 1400円

全国書店にて好評発売中！

商品の詳細はホームページへ　[Jリサーチ出版] [検索]

http://www.jresearch.co.jp　**Jリサーチ出版**　〒166-0002 東京都杉並区高円寺北2-29-14-705
TEL03-6808-8801　FAX03-5364-5310

大好評

中学レベル だれでもできる
かんたんフレーズが英語の瞬発力を鍛え上げる！

英語大特訓シリーズ

CD2枚付　各1400円（本体）

カンタン英語で話しまくれ！
瞬時に出てくる 英会話フレーズ大特訓
精選810フレーズ　CD2枚付

山崎 祐一 著　CD2枚付　定価：1400円（本体）

言いたい表現がすぐに出てくる、英会話の瞬発力を鍛えるための本。簡単な会話フレーズで「日本語」→「英語」の転換練習をする事で効果を発揮。ヒントや解説が充実しているので、眠っている英語の知識を掘り起こしながら学習できる。日常生活・旅行・ビジネスで役立つ。初級～中級者向け。日本語と英語を交互に録音したCD2枚付。

売れてます！

80の文法ルールで話しまくれ！
キーフレーズでがっちり身につける
会話できる英文法大特訓　CD2枚付
妻鳥 千鶴子 著　定価：1400円（本体）

カンタン英語で話しまくれ！
どんな場面でも瞬時に話せる
英単語フレーズ大特訓　CD2枚付
成重 寿・入江 泉 共著　定価：1400円（本体）

カンタン英語を聴きまくれ！
瞬時にわかる
英語リスニング大特訓　CD2枚付
山崎 祐一 著　定価：1400円（本体）

どんなビジネスシーンでも
瞬時に話せる
英会話フレーズ大特訓 ビジネス編　CD2枚付
Michy里中 著　植田 一三 監修　定価：1400円（本体）

全国書店にて好評発売中！　商品の詳細はホームページへ　[Jリサーチ出版]　検索

http://www.jresearch.co.jp　**Jリサーチ出版**　〒166-0002 東京都杉並区高円寺北2-29-14-705　TEL03-6808-8801　FAX03-5364-5310